WEICHENGNIANREN JIANCHA

未成年人检察

2023年第1辑·总第29辑

最高人民检察院第九检察厅/编

中国检察出版社

图书在版编目（CIP）数据

未成年人检察. 2023 年. 第 1 辑：总第 29 辑／最高人民检察院第九检察厅编. —北京：中国检察出版社，2023.6

ISBN 978-7-5102-2891-9

Ⅰ.①未… Ⅱ.①最… Ⅲ.①青少年犯罪－研究－中国 Ⅳ.①D669.5

中国国家版本馆 CIP 数据核字（2023）第 050692 号

未成年人检察（2023 年第 1 辑）
最高人民检察院第九检察厅　编

责任编辑：柴凯菲
技术编辑：王英英
美术编辑：曹　晓

出版发行：	中国检察出版社
社　　址：	北京市石景山区香山南路 109 号（100144）
网　　址：	中国检察出版社（www.zgjccbs.com）
编辑电话：	（010）86423768
发行电话：	（010）86423726　86423727　86423728
	（010）86423730　86423732
经　　销：	新华书店
印　　刷：	望都天宇星书刊印刷有限公司
开　　本：	710 mm×960 mm　16 开
印　　张：	13
字　　数：	166 千字
版　　次：	2023 年 6 月第一版　2023 年 6 月第一次印刷
书　　号：	ISBN 978-7-5102-2891-9
定　　价：	45.00 元

检察版图书，版权所有，侵权必究
如遇图书印装质量问题本社负责调换

《未成年人检察》编委会

顾　　　问	（以姓氏笔画为序）

　　　　　　　王敏远　卞建林　龙宗智　皮艺军　佟丽华
　　　　　　　宋英辉　张明楷　陈卫东　陈光中　姚建龙
　　　　　　　徐　建　高铭暄

主　　　编　那艳芳

副 主　编　李　峰　陈　晓

编　　委　（以姓氏笔画为序）

　　　　　　　王广聪　王东丽　王露茜　毛建忠　曲松涛
　　　　　　　全　莉　刘　飐　刘向民　刘志红　孙朝霞
　　　　　　　李　莉　李　薇　李学华　李文建　李庆松
　　　　　　　宋　丹　周　华　张　莉　张宁宇　张寒玉
　　　　　　　陈　洁　陈　萍　陈王莉　陈怡璇　旺　杰
　　　　　　　赵堃宇　钟媛媛　施建清　晋月霞　郭　华
　　　　　　　贾秀芳　党春艳　原丽玮　顾玎琮　郭斐飞
　　　　　　　商振华　童丽君

编辑部主任　宋　丹

责 任 编 辑　（以姓氏笔画为序）

　　　　　　　白　洁　严婷婷　范向利　周海波　赵一晓
　　　　　　　姜　勇　胡燕杰　盛常红　隆　赟

目 录

特 稿

未成年人检察专门化的思考与实践 …………… 王旭光 3
深化综合履职不断推动未成年人检察工作高质量发展
　…………………………………………………… 那艳芳 20

工作研究

组织未成年人进行违反治安管理活动罪的司法疑难问题研究
　………………………… 柴 萌 马洪斌 韩 千 31
未成年人刑事案件社会调查制度规范化研究 ……… 程 序等 41
"督促监护令"制度实践理性及创新路径研究
　………………………………………………………… 李 琦 66
性侵未成年人案件"排除合理怀疑"司法适用的理论综述
　……………………………………………………… 孙鹏庆 76

业务论坛

以被害人陈述为中心构建性侵未成年人案件的证明机制研究
　………………………… 浙江省金华市人民检察院课题组 97
未成年人有偿陪侍问题成因分析及对策建议 ……… 王 茹 111
未成年被害人关爱救助工作研究
　——以办理性侵害未成年人案件为视角
　………………………… 于 泳 刘力萍 崔亦鹏 118

未成年人"两法"实施中检察监督责任研究
——以未成年被害人的全面综合保护为视角
……………………………………………… 马建馨　谢景春　132

调查研究

2019—2021年吉林市检察机关办理未成年人犯罪案件
　情况分析报告 ………………………… 袁喜丽　赵　雪　147
最有利于未成年人原则在未检家庭教育指导工作中的贯彻研究
………………………… 广东省广州市人民检察院课题组　156

案例分析

三级检察机关"零容忍"接力抗诉纠偏不当裁判理念与规则
——谢某跃强奸案
…………………………… 林小云　洪惠阳　李津津　163
核准追诉严惩重大犯罪，提出抗诉维护司法公正
——宁波市检察机关办理张某、赵某某抢劫（致人死亡）案
　经验做法
…………………………… 俞永梅　倪时颖　胡舒雯　169

指导性案例

关于印发最高人民检察院第四十三批指导性案例的通知……… 177

特　　稿

未成年人检察专门化的思考与实践

王旭光*

未成年人保护是一项长期、系统的工程,需要用全面、辩证、长远的眼光来谋划和推进。如何寻"解题之策"、行"突围之举",创新落实最高检关于未成年人检察业务统一集中办理的工作部署,是当前急需在理论和实践中予以回答的问题。近年来,陕西省检察机关深刻把握新时代未成年人司法保护的新内涵、新趋势、新特点,探索运用专门化理念方法,以职能、机构、人员、机制、规则、理论"六位一体"专门化建设为抓手,努力推进未成年人检察集中统一履职,持续加强未成年人全面综合司法保护,取得了阶段性进展。

一、未成年人检察专门化的实践动因

所谓未成年人检察专门化,是指由专门的机构汇聚专门的人员,依照专门的程序规则和方式方法,统筹集中办理涉及未成年人的各类案件和相关工作。未成年人检察专门化,是契合未成年人司法运行规律、顺应未检工作集约化发展趋势的多维度、集成式、系统性的统筹履职方式,有其现实需要、发展共识和理论支撑。

(一)专门化契合未成年人司法运行规律

未成年人司法的理念、原则、制度和程序均与成年人司法不同。

---

* 王旭光,陕西省人民检察院党组书记、检察长。

其价值功能是要实现对未成年人权益的保护、对处于不良环境或危险状态未成年人的干预、对触法未成年人的教育矫治,有学者称之为保护、干预、转化功能,①有别于成年人司法追求定分止争、准确定罪量刑的目标。无论是对罪错未成年人的干预,还是对未成年被害人的保护,都有高度专业化的要求。研究数据表明,适用成年人司法程序和规则办理未成年人案件,难以从根本上解决其心理行为偏常问题,不利于未成年人大脑正常发育及健康人格的形成,极易使其形成封闭心理和反社会人格,从而导致再犯,并且定罪时年龄越小重犯率越高,重犯危害要远大于成年人犯罪。②因此,只有专门机构、专门人员适用专门程序和规则办理未成年人案件,尊重未成年人司法特有规律,才能实现良好办案效果。

(二) 未检专门化建设具有切实的实践引领作用

从历史发展变迁看,司法活动的专门化是社会分工高度精细化的历史演进过程,③是现代法治实践的经验总结与未来的发展趋势,也是现代社会在追求效率、崇尚公平正义背景下对法律活动的客观要求。我国司法专门化很早便已起步,并率先在审判工作中得到深入发展。④我国未检工作是从 1986 年上海市长宁区人民检察院建立全国第一个"少年起诉组"起步的。2012 年刑事诉讼法第二次修改增设了未成年人刑事案件特别程序专章后,多个省级检察机关设置了独立的未检处。2015 年,最高检党组专题研究未检工作,并于 12 月正式设置了未成年人检察工作办公室。此后,全国四级检察机关专

---

① 张文娟:《中美少年司法制度探索比较研究》,法律出版社 2010 年版,第 363 页。
② 宋英辉、尹泠然:《正确理解检察机关内设机构改革精神 进一步加强未检专业化建设》,载最高人民检察院未成年人检察工作办公室编:《未成年人检察》第 3 辑,中国检察出版社 2017 年版,第 55 页。
③ 参见冯周敏:《论我国家事案件的专门化解决机制》,厦门大学 2018 年硕士学位论文。
④ 王旭光:《环境资源审判专门化的基本特性与路径方法》,载《人民法院报》2016 年 6 月 22 日,第 5 版。

门未检机构、人员和制度的建设进入快速发展期。① 2017 年，最高检印发《关于开展未成年人刑事执行检察、民事行政检察业务统一集中办理试点工作的通知》，决定 2018 年 1 月起，在北京等 13 个省份开展试点工作。2021 年，未检业务统一集中办理工作在全国全面推开，这是最高检深刻把握未成年人检察工作规律，审慎研究后决定的新时代未成年人检察工作模式。② 不难看出，30 多年的未检工作发展史，是未检机构逐渐从依附到独立的变迁史，充分印证了专门化建设是深化未成年人司法专业化、规范化建设，推动未成年人全面综合司法保护大格局的必由之路。

（三）未检专门化符合少年司法领域国际共识

当前世界很多国家和地区都存在独立于成年人司法的少年司法制度，颁布了集程序法、实体法和组织法为一体的专门性少年司法法，规定了一些适合于未成年人身心特点的诉讼程序和实体处置措施。少年司法的发展水平已经成为衡量一国法治水平和司法文明发展程度的重要指标。③ 国外少年司法制度主要有以下特点：一是司法机构体系化。建立专门机构负责少年司法工作是法治国家普遍的做法，各国法律对少年司法专门机构做了详细的规定，包括设置、职能、人员组成等。如日本的少年司法机构主要有警察、检察厅、家庭裁判所、少年鉴别所、少年监狱等；④ 美国 50 个州都颁布了少年法院

---

① 截至 2021 年 12 月，全国四级检察院共设立 823 个独立的未成年人检察机构，另有 1385 个市、县级检察院设立未检办案组；经过 30 多年的培养、传承、积累、发展，全国共有 10045 名未成年人检察人员，包括 4479 名检察官、3322 名检察官助理和 2244 名书记员。参见《未成年人检察工作白皮书（2021）》，载《检察日报》2022 年 6 月 2 日，第 6 版。

② 那艳芳：《未成年人检察的理论与实践、成果与展望——2022 年检察理论与实务研究盘点之六》，载《人民检察》2023 年第 2 期。

③ 参见孙谦：《关于建立中国少年司法制度的思考》，载《国家检察官学院学报》2017 年第 4 期。

④ 参见张美英：《论现代少年司法制度——以中、德、日少年司法为视角》，载《青少年犯罪问题》2006 年第 5 期。

组织法，全国2700个法院可以受理少年案件，①一些地方设有专门的少年检察部门。②二是人员组成专业化。美国挑选少年检察官的原则"乃基于候选人之少年法知识、对青少年事业之兴趣、教育程度及经验"。三是规则要素特殊化。普遍采取了未成年人比成年人轻缓的刑事政策取向，强调保护优于惩罚。建立了社会调查、心理评估等特殊制度和法律援助、心理干预、不公开审理、犯罪记录封存等权益保护措施。四是处遇措施个别化。针对涉案未成年人具体情况设置阶梯式的多种实体处遇措施，以实现矫治的个别化和有效性。如德国《少年法院法》规定了教育处分、惩戒措施和少年刑罚三大类刑事处分，并确立了优先等级。③法国《少年犯罪法令》对未成年犯罪嫌疑人规定了多种非羁押诉讼保障措施，规定了详细的先行拘押条件，只有在非羁押措施不能保障诉讼时才能先行拘押。④

（四）未检专门化是检察工作现代化的应有之义

按照党的二十大部署，最高检作出了以检察工作现代化服务中国式现代化的总体安排。检察工作现代化是"中国式"和"现代化"的有机融合，其应立足中国国情和司法实际，坚持走中国特色社会主义法治道路，确立现代检察理念，推动法律监督制度机制创新完善，提升法律监督质效。其中，理念现代化是先导、体系现代化是重点、机制现代化是关键、能力现代化是基础。⑤未成年人检察是检察工作的重要组成部分，未成年人检察现代化是检察工作现代化的应有之义。未成年人检察专门化通过对案件、机构、人员、机制、

---

① 参见李贤华：《国外少年司法制度的发展趋势》，载《人民法院报》2012年6月1日。
② 参见张鸿巍：《美国未成年人检察制度》，载《国家检察官学院学报》2011年第3期。
③ 参见刘昶：《德国少年刑事司法体系评介——以〈少年法院法〉为中心》，载《青少年犯罪问题》2016年第6期。
④ 参见宋冹沙译：《法兰西共和国少年犯罪法令》，载《国家检察官学院学报》2011年第6期。
⑤ 《坚持党的绝对领导 做优做实人民至上 深化创新能动履职 以检察工作现代化服务中国式现代化》，载《检察日报》2023年1月9日，第1版。

规则等诸要素进行归拢，产生"握指成拳""积流成渊"的集聚效应，有助于打破传统未成年人检察工作在职能、范围、运行上的思维定式和固有流程，既避免"头痛医头、脚痛医脚"式的应急诊疗，又避免"铁路警察、各管一段"式的单兵作战，从而实现以未检工作专门化促专业化，以专业化推进新时代未检工作集中统一履职的现代化。

二、未成年人检察专门化的基本内涵

未成年人检察专门化以统一集中履职为起点，以专门机构为基础，以人员素养为根本，以程序规则为保障，以机制创新为手段，以理论研究为指引。这六个核心要素构成未成年人检察专门化的基本内涵和理论范式，涉及未检工作的全领域、各方面，是陕西检察实践探索创新、推进未检业务集中统一办理的着力之处。

（一）规范专门化的职能任务

未成年人检察的工作职能主要包括监督办案和社会治理。这些工作职能的专门化是未检专门化的逻辑起点，也是未检业务集中统一办理的核心所在。

能动监督办案是未成年人检察的基本职责。刑事案件应包括遭受犯罪行为直接侵害的被害人中有未成年人的犯罪、未成年人实施的犯罪和涉未成年人的刑事执行活动监督案件三大类。民事案件主要包括对涉及未成年人监护、抚养、收养、继承、教育等民事案件的裁判结果、审判活动和执行活动积极开展监督，以及检察机关督促和支持诉讼。行政检察案件包括涉未成年人的行政裁判监督、审判违法监督、裁判执行监督和行政争议实质性化解工作。公益诉讼检察案件包括未成年人保护民事和行政公益诉讼两大类。

融入社会治理是未成年人检察的延伸职责。一方面，通过法律监督促进诉源治理。诉源治理是检察机关依法能动履职的着力点和参与社会治理的重要路径。①检察机关以司法办案为依托，针对个案、类案发生的原因强化调查研究和总结分析，把法律监督效果由一案一事拓展为治理规范。找准主动融合其他五大保护的结合点，以检察办案的刚性力量和推进诉源治理的柔性智慧，真正以"我管"促"都管"，以司法保护、能动履职助推家庭、学校、社会、网络、政府保护整体落实。另一方面，深化法治进校园巡讲活动，推动检察官法治副校长实质化、规范化履职，推进青少年法治教育基地建设，做实未成年人法治宣传教育。

以上涉未成年人保护各类案件的办理和延伸融入社会治理的各方面工作，涉及刑事、民事、行政法律责任的统筹适用，涉及检察权与行政权、审判权的协调配合，涉及检察监督方式方法的探索创新，涉及未检工作现代化的进程，需要更好地依法界定、分类规范，也需要更好地集中行使、强化效能。

（二）设置专门化的组织机构

独立的机构设置是专门化建设的有效载体，也是推进未检业务集中统一办理、衡量未检工作现代化的一个重要指标。

未检工作实行"捕、诉、监、防、教"一体化，涉及民事、刑事、行政和公益诉讼四大检察业务，无论将其合并到哪一个"大部"都难以兼顾未检工作与其他业务的差异性，必将削弱其职能的完整性和专业性，造成部分职能履行的弱化。因此，按照司法体制改革要求和案件办理实际需求，设置完整的未成年人检察专门机构体系，将未检人员单独剥离成立独立运行的机构，是未成年人全面综合司法保护的大势所趋。

近年来，全国四级检察院未检专门机构建设取得了长足进步，但这个过程并不是一蹴而就的。以陕西省检察机关为例，2019年内设

---

① 王旭光：《以依法能动履职为诉源治理贡献检察力量》，载《人民检察》2022年第10期。

机构改革完成时，全省仅有9个独立的未成年人检察专门机构，11个市级检察院中只有1个独立机构，半数以上基层检察院还没有设置专门的未检机构。2021年开始，陕西省院加强顶层设计，将未检专门机构分为检察部、检察办公室、工作团队三类，自上而下推动设置，着力构建覆盖全省三级检察院的未检专门化组织体系。其中，在市级院设立未成年人检察部，在县区院根据人员编制和工作体量分别设立未成年人检察办公室或者工作团队。未检办公室或者工作团队必须有人专职负责、实际运行、独立考核，不走形式、不挂虚名，不轮办或兼办其他案件，切实解决基层未检"专人不专"问题。通过情况通报、对口问诊、实地调研督导等方式，至2022年底，全省设立各类专门机构123个，实现了三级检察院全覆盖。

（三）培养专门化的未检人员

培养一支有人文情怀、有未检理念、有专业素能的未检专业化检察队伍，是未检专门化工作的重点，也是保证未检工作质效的根本。

首先，贯彻未成年人司法的特殊理念。未成年人检察是以未成年人这一特殊主体为对象建立起来的，其内在规律、职责任务、诉讼程序和评价标准都与成年人有显著区别，因此要持续更新司法理念，引领未成年人专门化司法不断发展。比如，未成年人保护法修改后确立的最有利于未成年人原则是构建和发展我国未成年人法律体系的"帝王条款"，对于未成年人检察工作具有方向性、统领性作用，要将这一原则作为个案办理的权衡标准、解释法律规定的重要依据、制度发展与体系建构的动力。[①]

其次，着力培养专业素能。目前，未检业务逐步演进为纵向"捕、诉、监、防、教"的一体化履职，横向"四大检察"业务集中统一办理，未检检察官不仅要精通刑事检察业务，熟练运用证据审

---

① 参见童建明：《最有利于未成年人原则适用的检察路径》，载《中国刑事法杂志》2023年第1期。

查能力和法律适用依法办案，也要了解民事、行政、公益诉讼检察流程；不仅要掌握未检业务的特色和规律，更要具备法学、心理学、教育学、社会学等专门知识，兼有过硬办案能力及帮教救助、沟通协调能力，在具体案件中扮演好"国家公诉人""国家监护人""公共利益保护人"和"涉未法律监督者"等多重角色。

最后，汇聚专兼职辅助人员。一方面，加强未成年人保护社工组织的培育、扶持和司法社工、司法雇员、心理咨询师等各类专兼职辅助人员的培训、督导力度，提高司法辅助人员参与未检工作的规范化水平。比如，陕西省人民检察院联合团省委自2019年起开展未检司法社工的培训、聘任、考核工作，将社会调查员、心理咨询师、家庭教育指导人员等纳入培训范围，3年来培训上述人员1500余名，正式聘任90名参与全省司法办案，相关经验写入最高检《未成年人检察工作白皮书》。另一方面，推动各级检察机关将司法服务经费列入办案预算，扩大政府购买、培育、聘任辅助人员的广度和深度，实现社会支持体系的优化升级。规范特邀检察官助理履职方式、内容，建立与妇联、团委、教育、民政等行政机关特邀助理到检察机关交流锻炼长效机制，保证兼职辅助人员参与未检工作的持续性和稳定性。

（四）探索专门化的程序规则

遵循程序规则是司法的基本属性，也是未成年人检察集中统一履职的重要保障。

首先，探索完善性侵未成年人犯罪案件办案程序规则。侵害未成年人犯罪的严峻形势表明简单强调"从严从重从快打击"不能解决根本问题，而应探索特殊程序规则和方式方法，不断提高办案规范化、监督精准化、保护体系化水平。要进一步与当地法院、公安机关加强沟通，在司法理念和政策适用导向上达成共识，统一儿童证言的采信标准、性侵犯罪入罪标准、"明知幼女"和"情节恶劣"的认定标准，避免过度依赖司法解释造成机械司法。依托各地侦查监督与协作配合办公室，完善信息共享和线索移送机制，重点监督对性侵犯罪有案不立、有罪不究、以罚代刑等问题，对重罪轻判、量刑畸轻问题加大抗诉力度。结合当地案件特点和"一站式"办案区现状，会同公安规范询问、取证、救助工作程序，进一步做实提前引导侦查和同步保护救助工作。

其次，探索完善未成年人民事、行政检察办案程序规则。未检部门经过多年实践积累，基本形成了以支持和督促起诉为主，督促监护令和家庭教育指导为辅，协调多部门开展综合保护救助的监护监督工作模式。① 要规范撤销监护人资格案件办理程序，建立监护侵害线索发现机制，拓宽线索渠道，明确启动撤销监护权监督程序的情形，建立专家评估机制，同步开展综合保护救助，妥善安置未成年人。依法审慎启动撤销监护权监督的程序，既要克服不愿办、不敢办的畏难情绪，也要把握国家监护干预家庭监护的界限，为未成年人回归家庭提供坚实的法治保障。探索涉未成年人行政检察办案规则，在履行法律监督职责中发现相关行政机关违法行使职权或者不履行职权的，依法采取制发检察建议等方式督促纠正。

最后，探索完善未成年人保护公益诉讼办案程序规则。我国未成年人公益诉讼制度存在理论支撑单薄、制度供给不足、法定范围不明晰、配套机制不健全等问题，司法办案规范化亟待提升。② 一是把握职能定位。坚持公益诉讼作为督促之诉、协同之诉的职能定位，严格区分行政权与检察权的界限，不能越位履职、越界监督、越权办案。规范两类检察建议的制发程序，公益诉讼检察建议刚性更强，以行政机关的违法性为前提，建议对象的答复为义务，提起诉讼为保障，对应"法治"；社会治理类检察建议柔性更高，行政机关没有

---

① 丁慧洁、徐丽春：《未成年人监护监督考察制度中检察机关的地位与作用》，载《青少年犯罪问题》2021年第1期。
② 匡旭东：《未成年人检察公益诉讼制度探析》，载《行政与法》2021年第1期。

违法但有监管漏洞，不以诉讼为保障，对应"善治"。二是明确受案范围。各地规范性文件和实施细则对未成年人公益诉讼缺少针对性设计，多是通过兜底性条款作出限缩性规定。未检部门可以在坚持"公共利益"法定性和复数性的特点上，找准监督对象，结合本地工作实际出台实施意见，合理界定未检公益诉讼的受案范围，通过典型案例和实施意见的示范引领，将问题较为突出、社会关注强烈、办案较为成熟的领域逐步纳入案件范围。三是优化办案程序。规范细化检察权内部运行，做好检察业务应用系统2.0未检子系统的权限配置和节点推进。设置诉前程序的终止情形，诉前建议发出后检察机关应定期督促落实，如发现整改不力、侵害行为仍在蔓延、执行单位消极应付或履职不能等情形时，可以自行终止诉前程序直接提起诉讼。

（五）完善专门化的工作机制

对于未检专门化而言，工作机制是枢纽所在，能够起到统筹资源、完善程序，凝聚理论、锻炼队伍、汇聚合力、提升质效的作用。

一方面，深化内部合作机制。以检察一体化办案和集中统一办理工作为基础，形成上下级检察院纵向一体、"四大检察"业务横向融合的法律监督"一盘棋"格局，切实把检察一体化制度优势放大，转化为新时代未成年人检察高质量发展的整体效能。比如，陕西省人民检察院2022年出台了《关于推进检察业务融合发展提升法律监督工作质效的意见》，促进"四大检察"有机贯通、相互协调、融合发展。横向一体化协作，依托全省大数据中心基础平台，发挥检察机关一体化优势，打破部门界限，畅通未检部门与其他检察业务部门信息共享和线索发现渠道，在侦查调查、案件审查、专业资源、研判会商等方面相互协助与支持，实现监督资源融合。纵向上下联动，构建"省院领导、市（分）院主导、基层院参与"的全省未成年人检察一体化办案机制，运用"个案办理—类案监督—系统治理"

的融合履职模式，强化涉未成年人案件办案数据、重大事项、重大案件的对下指导、信息交流和统筹研判。

另一方面，完善外部协作机制。未成年人保护是一项复杂的社会系统工程，需要"六大保护"相互融合、协同发力。完善协同检察机制，加强关中、陕北、陕南三地检察机关之间、地方检察机关与跨区划检察机关之间，在线索移送、案件移送、附条件不起诉监督考察资源共享等方面的衔接配合。加强与相邻省份在强制报告制度的线索收集移送处置、失学失管未成年人信息共享及保护救助、跨省作案的涉罪未成年人案件管辖和联合帮教等工作的合作，健全省级协同检察机制。强化协调联动机制。比如，"一号检察建议"的落实，检察院一家"单打独斗"肯定不行，必须"跳出检察看检察"，紧紧依靠党委领导，从社会治理层面形成广泛共识和工作合力。2021年、2022年，陕西省委政法委、省委依法治省办、省委平安办连续两年召开全省检察建议工作推进会。2022年4月，陕西省委政法委、省委依法治省办、省委平安办联合出台《关于进一步加强检察建议办理工作 促进社会治理法治化的意见》。陕西在实践中形成"党委领导、政府主导、多方参与、司法保障"的检察建议办理社会化工作格局，被最高检以"陕西方案"在全国推广。

（六）建构专门化的理论体系

检察理论研究承载着助推检察事业高质量发展的重大使命，只有理论上的清醒才能避免实践中的盲动。未检工作专门化亦是如此，既需深化理论研究、强化理论指引，也要在实践中持续验证并升华理论。

长期以来，我国未成年人司法制度的构建思维停留在成人司法的例外规定层面，脱胎于刑事司法体系的未成年人司法制度存在诸多困境，有必要专门开展对未成年人法学基础理论、未成年人司法法学以及域外未成年人法学的深入研究，进一步推动未成年人司法制度的完善。近年来在民法典、《刑法修正案（十一）》、未成年人保护法、预防未成年人犯罪法和家庭教育促进法等多部重要立法施行与不断发展中，未成年人检察实践为理论研究提供了丰富的养料。未检理论研究取得诸多富有特色的理论探索成果，在促进完善中国特色社会主义未检制度的同时，也为整个未成年人法学研究逐步摆脱附属性做出了重要贡献，如附条件不起诉、强制报告制度等很多诉讼制度都是未检部门先行先试后最终写入法律。

理论是实践的指南。全国检察机关全面推开未成年人检察业务统一集中办理以后，新时代未成年人检察理论研究与未检新业务相向而行，呈现有序、规范、创新发展的良好态势。但同时也存在理论研究对新时代未检工作全面深入发展引领不够充分，缺乏系统的理论建构与基本原理的深入探求等问题，相关研究延续了近年来司法实践适度先行、理论研究稍后努力跟进的整体态势，尚未从检察机关法律监督属性深入阐发未检在中国特色社会主义未成年人司法制度中的准确定位。未成年人检察作为一项相对年轻的检察业务，必须主动关注、深入研究集中统一办理改革、分级处遇与精准帮教、侵害未成年人犯罪的惩治与预防、未成年人检察公益诉讼等未成年人司法的重点难点问题，以检察实践滋养理论研究，以理论研究反哺检察实践，为更好推进新时代新征程未成年人检察工作高质量发展贡献理论力量。

三、未成年人检察专门化的路径方法

在推进未成年人检察专门化中，应当认真研究把握好以下四方面路径方法。

（一）提高思想认识，持续强化组织领导

一是深刻认识未成年人检察肩负的更重责任。习近平总书记所作党的二十大报告，站在培养担当民族复兴大任时代新人的高度，提

出加强和改进未成年人思想道德建设、保障儿童合法权益等部署要求，为检察机关更好地从大局大势中把握和推进未成年人检察工作现代化提供了根本遵循。这些重要部署与习近平总书记关于加强未成年人保护工作的系列重要指示一脉相承，一以贯之体现了党和国家对未成年人健康成长的高度重视。检察机关要切实站在为党和国家事业培养合格建设者和可靠接班人的政治高度，切实增强政治自觉、法治自觉、检察自觉，不断加强未成年人检察工作，倾情守护未成年人安全健康成长，保障党和人民事业永续发展。

二是高度重视未成年人检察的谋划部署。全省各级检察机关要把未成年人检察专门化建设作为推动未检工作高质量发展的重要抓手，作为一把手工程，提上党组重要议事日程，切实加强领导、强化措施、狠抓落实。各级院党组要专题研究和部署，健全检察长负总责、分管领导具体负责、各部门协同配合的工作模式。要健全考评体系，将未检专门化六大要素的落实情况纳入对下考核和检察官业绩评价体系，形成激励导向。上级院要加强对下级院指导与督导检查，协同解决编制、人员等重点问题，确保各项措施落到实处。

三是推动形成未成年人保护的工作合力。未成年人保护法构建的"六大保护"体系是中国式法治现代化优势的重要体现，也是未成年人检察专门化建设的重要依托。检察机关要选择最能凝聚共识与增强合力的方式与路径，以检察办案的刚性力量和推进诉源治理的柔性智慧，紧紧依靠党委领导和人大监督，积极争取政府、政协和各界的支持，主动加强与本地负责统筹、协调、督促和指导未成年人保护工作部门的沟通，依法履行好法律监督职责，切实以"我管"促"都管"。

（二）加强自身建设，持续锻造未检队伍

一是加强政治引领。全面学习、全面把握、全面落实党的二十大精神和习近平法治思想，把学习成果转化为推动未成年人检察工作的强大动力。持续抓实融为一体的政治业务建设，深刻领悟"两个确立"的决定性意义，把增强"四个意识"、坚定"四个自信"、做到"两个维护"落实到每一项未成年人检察工作、每一个涉未成年人案件办理中，确保"三个效果"有机统一。坚持严管与厚爱相结合，保持未检检察官队伍的相对稳定性，为未检干警搭建成长成才的舞台，充分发挥好未检条线先进模范、业务标兵、优秀巡讲师等人才骨干的"传帮带"作用。

二是提升专业素能。立足培养一支有人文情怀、有未检理念、有专业素能的未检队伍，通过精准化培训、专业化训练、实战化教学，夯实法律适用、证据分析等办案素能；通过业务竞赛、案事例评书会、法律文书评比等，学练赛一体、传帮带结合，钻研未成年人司法理论，不断提升调查研究能力；有计划、有梯次培养一批未检优秀骨干，探索适合新工作布局和办案模式的优秀人才选拔方式，通过领军人才发挥"头雁"引领作用，由点带面梯队式培养专业人才队伍；公开招录同时具有法学和心理学、教育学、社工学等双学位人员，作为未检专门机构后备力量加以培养。此外，还要注重个人品格培养。未检工作是一份唤醒灵魂的工程，未检检察官要有浓厚的人文情怀，有党和人民事业薪火相传的大格局，用开阔的胸怀看待未成年人保护这一功在千秋的伟大事业。

三是加强监督制约。要优化业绩考评体系，明确未成年人检察机构的专业化、综合性定位，突出未成年人检察统一、集约行使"四大检察"职能的导向意识，使考核管理能够更加客观地呈现未成年人检察的工作质效，更加符合未成年人司法的价值功能。针对涉未成年人案件特点，特别是随着未成年人犯罪不捕率、不诉率、附条件不起诉适用率越来越高，要健全完善与之匹配的内部制约监督机制，确保检察权始终依法规范运行。要时刻紧绷廉洁自律这根弦，严格遵守防止干预司法"三个规定"，做到自身正、自身硬、自身净。

（三）注重强基导向，持续加强调查研究

一是坚持理论实践相结合。既要始终围绕未成年人司法实践中的具体问题开展研究；也要把研究的落脚点放在解决基层实际问题上，通过提升研究深度和精度，更好引领、创新未成年人检察实践。既要发挥自身优势，围绕未成年人司法理论研究热点、实践难点、办案重点，集体攻关、群策群力；也要善于站在理论高地，立足国际视野，学习国内外先进经验，积极与法学院校、科研单位建立长效合作机制，共同开展课题研究。同时，加强与法院、公安机关、司法行政部门、律师协会的学术交流和理论探讨，广泛吸收实务界研究成果和经验，推动建立成熟定型的中国特色社会主义未成年人检察制度。

二是坚持调研创新两手抓。创新需要深入谋划，谋划的前提是深入调查研究。[①] 司法实践中的痛点、热点、难点问题，检察实务中的重大、疑难、复杂问题，都需要我们进行理性思考、深入调查研究、反复论证，拿出创新破解之道。检察机关近年来创新探索确立了一些行之有效的未成年人保护具体措施，如一案多查融合履职、督促监护令运行、检察业务应用系统2.0未检子系统运用、大数据赋能六大保护监督模型等，都在调查研究基础上进一步实现了具体制度与措施的效果最大化，将未成年人检察改革创新的成功实践上升为可复制推广的经验模式。

三是坚持研究办案相融合。研究也是办案，是更高层次的业务工作。加强检察理论研究应紧紧围绕监督办案这个中心，从加强检察业务的角度去思考、研究、谋划。要结合司法办案实践，加强案例分析和类案研究，丰富深化未检专门化的理论研究方法和成果。同时，通过总结办案规律，研究涉未成年人案件背后深层次的法律、

[①] 参加王旭光：《秉持检察理论研究时代使命推动法律监督工作高质量发展》，载《人民检察》2021年第16期。

法理、社会治理问题，提升具体案件办理中的证据分析和司法政策运用水平，做到以办案带动研究，以研究促进办案。要加强案例研编工作，认真学习研究、用足用好最高检发布的未成年人检察各类指导性案例和典型案例，切实领会蕴含其中的司法理念和精神要旨，做好"发现—培育—办理—编写"的工作闭环，通过典型案例引领未检工作进一步走深走实。

（四）聚力品牌建设，持续深化法治宣传

一是做实法治教育。人生百年，立于幼学。近年来检察官担任法治副校长和法治巡讲已经成为检察机关的品牌工程，全国人大常委会审议意见也要求加强未成年人法治宣传教育。检察机关要推动检察官法治副校长实质化、规范化履职，在巩固前期工作的基础上推动法治巡讲深入乡村地区、走近真正需要的孩子，抓好法治教育精品课程、微电影视频、图书画册、优秀巡讲师等各类要素的整合利用、资源共享和产品输出。要因地制宜，积极推进青少年法治教育基地建设，打造基地标准化样板。

二是做优未检宣传。未成年人保护工作与每个家庭息息相关，宣传未检工作容易得到关注和认同，展示检察机关执法为民、心系祖国未来的责任担当，让更多的人了解支持未检工作，对未成年人检察的长远发展至关重要。要坚持以人民为中心，切实做好新时代人民群众"心尖上"的检察，关注和回应人民群众对未成年人保护的呼声，切忌自说自话、自娱自乐。客观全面正向宣传，将未检工作的新理念、新方法、新业绩，以形式多样的宣传平台和媒介展示出来，用真实案事例和办案数据实事求是反映未检工作，实实在在体现未成年人利益的最大化。低龄未成年人暴力犯罪、性侵害未成年人案件等都"自带流量"，容易引发社会关注，要认真落实"三同步"机制，做好风险评估、宣传预案和舆情应对，自媒体时代要切忌错误导向、负面影响。

三是做强未检品牌。品牌代表形象,品牌彰显质效,优秀的未成年人检察保护品牌经得起时间打磨和公众审视。从实践中看,各地检察机关逐步形成了亮点纷呈的未检品牌,但"一地一品牌"的做法不利于提升未检工作整体影响力。要坚持顶层设计和基层首创相结合,省院要注重挖掘整合地方特色经验,将各地小品牌串联成陕西检察品牌星系,持续推广宣传,形成示范、辐射和带动效应。市级院要立足本地工作实际,找准每一颗"小星星"的核心竞争力,培育优秀办案团队,用更先进的工作模式、更优良的履职能力、更扎实的工作成效为品牌赋能。

深化综合履职
不断推动未成年人检察工作高质量发展[*]

那艳芳[**]

党的二十大擘画了以中国式现代化全面推进中华民族伟大复兴的宏伟蓝图，站在培养担当民族复兴大任时代新人的高度，提出加强和改进未成年人思想道德建设，保障儿童合法权益。今年全国检察机关学习贯彻全国两会精神电视电话会议指出，要坚持"高质效办好每一个案件"，实现办案质量、效率与公平正义的有机统一。检察机关作为全过程参与未成年人司法保护工作的政法机关，要准确把握新时代未成年人司法保护的新要求，推进未成年人"四大检察"综合履职，高质效办好每一个涉未成年人案件，把检察司法保护做深做实，促进"六大保护"走深走实，倾情守护未成年人健康成长。

一、深刻认识未成年人检察综合履职面临的更高要求

深化未成年人检察综合履职，对于提高未成年人检察工作质效，全面维护未成年人合法权益，促进社会和谐稳定具有重要意义。

---

[*] 原文刊载《人民检察》2023 年第 10 期。
[**] 那艳芳，最高人民检察院第九检察厅厅长、一级高级检察官。

（一）深化综合履职，是贯彻落实党中央未成年人保护决策部署的根本需要

党和国家历来高度重视未成年人保护工作。修订后的未成年人保护法、预防未成年人犯罪法（以下简称"两法"）确立了最有利于未成年人原则，构建了家庭、学校、社会、网络、政府、司法"六大保护"新格局，赋予检察机关对涉及未成年人的诉讼活动和重新犯罪预防工作等的法律监督职责；2021年6月，党中央印发《中共中央关于加强新时代检察机关法律监督工作的意见》，要求强化未成年人司法保护，完善专业化与社会化相结合的保护体系。2022年10月，十三届全国人大常委会第三十七次会议听取和审议最高人民检察院《关于人民检察院开展未成年人检察工作情况的报告》，赋予检察机关更重责任，提出新的更高要求。检察机关落实党中央赋予未成年人司法保护更新更重的责任，必须从"国之大者"的战略高度，深入思考、谋划如何更好履职、怎样科学履职的基础性问题，综合履行刑事、民事、行政、公益诉讼"四大检察"职责，充分释放未成年人检察制度效能，切实提高未成年人司法保护水平。

（二）深化综合履职，是新时代未成年人司法规律的内在要求

进入新时代，未成年人检察工作快速发展，呈现鲜明的时代特征和中国特色。更加注重双向保护，从打击未成年人犯罪案件，向依法惩治侵害未成年人犯罪和保护救助未成年被害人并重转变；更加注重特殊、优先保护，从强调宽缓化处理向精准帮教和依法惩治并重转变，促进涉罪未成年人再社会化；更加注重综合保护，从传统重视刑事检察向刑事、民事、行政、公益诉讼检察并重转变，发挥未成年人司法保护的整体效果；更加注重诉源治理，从追求案结事了向"治已病"与"治未病"并重转变，推进解决未成年人保护的

源头性、根本性问题；更加注重协同保护，从"单兵突进"履行检察职能，向依法监督以"我管"促"都管"并重转变，更加注重检察司法保护与其他保护的衔接。这些转变都体现出未成年人检察履职功能的多元化，需顺应未成年人司法发展趋势，实现检察职能有机贯通，内外联动、相互协调。

（三）深化综合履职，是强化未成年人检察监督的实践路径

从总体上看，未成年人检察监督与党中央要求及人民群众对未成年人司法保护的更高期待相比，还存在不充分不平衡的问题，主要表现在：最有利于未成年人原则的引领作用发挥不够；未成年人民事、行政、公益诉讼检察职能履行与刑事检察职能履行存在"代际差"；未成年人检察监督治理存在同质化、碎片化现象；等等。解决这些问题，需要检察机关"立""破"并举，统筹运用各项检察职能，发挥集中优势和统一便利，推进综合履职，提升未成年人检察监督水平。

二、准确把握未成年人检察综合履职的基本内涵

未成年人检察综合履职是履职理念、方式、体系的优化和发展，是未成年人检察工作高质量发展的实践路径，有着独特的内涵和要求。

第一，一体履职。检察一体是检察机关的基本组织原理，强调检察工作的系统性、整体性和协同性。从纵向看，坚持上级检察机关对下级检察机关未成年人检察工作的领导和业务指导；从横向看，未成年人检察部门集中统一履行刑事、民事、行政、公益诉讼检察职能，不同业务部门之间进行协作配合。根据未成年人检察业务的需要，不同检察院之间、不同检察官之间也可在履职上相互协作配合，形成未成年人司法保护的统一整体。

第二，强化监督。深刻认识检察机关对涉及未成年人的诉讼活动

和重新犯罪预防等监督职责，依法全面监督、主动监督，既加强对涉及未成年人诉讼活动的监督，又加强对负有监督管理职责的行政机关违法行使职权或者不作为致使未成年人权益受到侵害的监督，同时加强对侵犯未成年人公共利益的监督。坚持在办案中监督、在监督中办案，全面推行涉及未成年人监督事项案件化办理，提升实质化监督实效。推进精准监督，聚焦具有引领价值的典型案件开展融合式监督，提升监督质效。

第三，全面保护。部分未成年人违法犯罪或权益受到侵害，与其民事、行政权益得不到保障有关。因此，在办理涉未成年人刑事案件维护其诉讼权益的同时，需要同步维护好未成年人民事、行政权益。修订后的未成年人保护法拓展了未成年人检察司法保护领域，综合运用多种检察职能，优化履职方式，注重用最小化的检察资源实现最大化的保护效果，促进检察保护与政府、社会保护等既各司其职，又有益补充，使未成年人司法保护既有"硬手段"，又有"软环境"。

第四，协调有序。未成年人检察业务点多、线长、面广，要坚持依法履职、有序融合。从"四大检察"看，其依据的法律规范不同，应做到统分结合，宜统则统、宜分则分，在目标、职能上宜"统"，在监督程序、方式上宜"分"。从司法机关职能看，检察机关与公安机关、法院职能不同，应在坚持分工负责、互相配合、互相制约的前提下，发挥好检察机关全过程参与未成年人司法保护的优势，履行好司法保护的主导责任。从"六大保护"看，家庭、学校、社会、网络、政府的角色定位不同，要找准检察履职的切入点，以司法保护助推其他"五大保护"，共同把未成年人保护工作做得更实。

三、明确未成年人检察综合履职的基本路径

未成年人检察综合履职是一项系统工程，应当从价值理念、履职模式、工作机制等方面进行系统调整，以更好发挥综合履职成效。

（一）坚持理念引领，全面贯彻最有利于未成年人原则

一是树立系统履职观。强化系统思维，将最有利于未成年人原则一体落实到未成年人检察的理念、政策、制度、措施层面，从而对未成年人检察履职的主体、要素、环节等进行系统优化，实现整体大于部分之和的功效。注重从检察工作的整体性出发，推进未成年人检察履职方式调整，加强检察职能耦合，防止将综合履职等同于将各项检察职能齐头并进、简单叠加。

二是树立依法履职观。最有利于未成年人原则具有抽象性、不确定性，修订后的未成年人保护法规定了6个方面具体要求，要将相关要求具体化，吸收运用到未成年人检察工作规范中，与行政法规、部门规章、地方性法规等规范性文件衔接配套。检察机关在司法办案中要适用并监督未成年人保护法律法规的一体落实，全面保障未成年人合法权益。

三是树立能动履职观。最有利于未成年人原则具有开放性。涉及未成年人权益保护的领域广泛，修订后的"两法"对未成年人检察工作"扩权赋能"，要更加注重发挥检察机关主观能动性，最大限度释放制度效能。坚持尊重未成年人主体地位，积极回应社会关切，解决人民群众反映强烈的未成年人司法保护问题。

四是树立谦抑履职观。贯彻最有利于未成年人原则，要正确处理未成年人利益最大化与社会利益最大化的关系，防止将两者单极化、绝对化，导致涉及未成年人犯罪"一纵了之"，或涉及未成年被害人就"喊打喊杀"，这是背离法治原则的。坚持督导而不替代，到位而不越位，把握检察权边界，把监督重点放在督促相关责任主体依法履职上来，在保护未成年人权益上实现双赢多赢共赢。

（二）推动模式转型，统筹抓好司法办案与保护治理

通过未成年人检察履职模式转型，推动建立集惩治犯罪、教育矫

治、维护权益、预防犯罪、有效治理于一体的未成年人保护法律监督体系，全面提升未成年人检察综合保护实效。

第一，从注重惩治向精准施策转型。近年来，侵害未成年人犯罪特别是性侵害未成年人犯罪数量持续上升，未成年人犯罪数量总体上升，表明传统刑事犯罪偏重打击的观念存在一定局限性，不能完全适应未成年人检察工作需要，要加强以下方面工作。一是注重刑事政策系统集成。落实宽严相济刑事政策，坚持教育、感化、挽救方针，充分考虑未成年人犯罪具体个案的特殊情况和社会公众的心理感受，依法该宽则宽，促进罪错未成年人回归社会，依法该严的也绝不纵容，发挥警示教育作用。有关涉案未成年人的社会调查、心理干预、救助关爱等特殊程序和措施，可以在未成年人刑事执行、民事、行政、公益诉讼业务中统筹运用。二是注重办案与监督相融合。坚持在办案中监督，依靠监督强化办案效果，全面推进涉及未成年人案件的立案监督、侦查活动监督、审判监督、刑罚执行监督，实现监督立案与统一司法标准并重，依法纠正诉讼违法行为与保障诉讼活动正常开展并重，追诉犯罪与保护救助未成年被害人并重，保障未成年被害人权益与未成年犯罪嫌疑人权益并重，落实罪错未成年人矫治措施与促进罪错未成年人顺利回归社会并重。三是注重整体发力。针对涉及未成年人犯罪案件的新情况新问题，进一步研究完善相关司法政策，制定规范性文件。特别是针对性侵害未成年人犯罪，联合最高人民法院、公安部、司法部出台司法解释和办案规定，统一入罪标准、证据审查、法律适用等。用好"一站式"询问、救助机制，建立"一站式"办案规范。针对侵害未成年人犯罪高发的场所、行业，或者未成年人犯罪频发区域，会同相关部门发布典型案例，监督推动专项治理。

第二，从注重刑事主导向职能聚合转型。未成年人检察由传统刑事检察业务发展而来，客观上存在刑事检察"一头独大"，其他检察业务比较薄弱的情况。要发挥"四大检察"职能的聚合效应，提升综合司法保护质效：一是同步履职。围绕最大限度保护未成年人合法权益的目标，全面做优刑事检察、做强民事检察、做实行政检察、做好公益诉讼检察。对于涉及未成年人刑民交叉、行民交叉、行刑交叉案件，根据未成年人司法保护涉及的多种法律关系，从不同角度进行审查，全面监督履职。要坚持全面审查，办理刑事案件时，同步关注未成年人民事、行政权益及公共利益是否遭受损害。履行审查逮捕、审查起诉职能时，同步开展羁押必要性审查，加强在押未成年人权利保障，延伸推进未成年人社区矫正活动监督。办理涉及未成年人民事、行政、公益诉讼案件时，同步审查发现刑事犯罪线索等。二是均衡履职。"四大检察"职能要均衡协调发展，就不能用平均主义的思维、平均用力的方式进行简单组合。坚持刑事检察的基础定位，立足刑事诉讼跨度大、覆盖时域广的实际情况，发挥保障和支撑作用，助推民事、行政和公益诉讼检察。坚持稳中求进原则，加强对涉及未成年人民事、行政检察履职方式的探索，既体现对未成年人特殊、优先保护，又符合民事、行政诉讼原理规则，保持规模与质量的统一。坚持积极发展与规范稳妥并重，与传统公益诉讼采取"列举主义＋等外解释"不同，未成年人保护规定的"公共利益"范围十分广泛，更要坚持公益诉讼作为督促之诉、协同之诉的职能定位，强化规则意识，规范立案审批流程，加强调查核实，注重审慎研判，积极稳妥保护未成年人公共利益。三是全程履职。未成年人案件涉及多种类型权益保护的，由同一检察官或办案组办理，统筹运用审查逮捕、起诉、抗诉、检察建议、公益诉讼等方式，综合运用各项手段，握指成拳，形成全流程司法保护的整体优势。

第三，从注重诉讼主导向诉源治理转型。在传统未成年人刑事检察工作中，检察机关主要承担刑事诉讼中的主导责任，包括证明犯罪、提出量刑建议等，侧重点在"案"。随着未成年人检察职能的拓展，要更好履行未成年人司法保护的主导责任，侧重点要转向"案"

"治"并重。一是把握本质要求。检察机关参与未成年人保护的本质要求是监督、推进未成年人保护法律规定不折不扣地落到实处,避免止步于对个案的纠偏。要聚焦未成年人保护法律规定落实不到位问题,依法履行法律监督职责,督促有责主体承担起保护职责,特别是着眼于未成年人的全面发展,全链条、全要素、全时域保护未成年人,把法律规定的未成年人权利保障是否落实到位作为治理成效的评价标准。二是推进源头治理。对未成年人保护领域的突出问题开展法律监督,根据发案规律和趋势,动态调整监督内容,强化对特定场所、产品质量、网络环境、个人信息、新兴业态等与未成年人密切相关领域的监督治理,推动解决未成年人成长发展的普遍性和深层次问题。三是强化协同治理。找准检察履职与家庭、学校、社会、网络、政府职能的融入点,实现与其他"五大保护"同频共振。积极履行专门学校成员单位和检察监督的双重职责,推动完善专门教育决定程序、矫治标准。会同相关部门完善罪错未成年人分级干预机制,协同各方力量推进未成年人犯罪预防。

(三)强化自身建设,建立运转有序、保障有力的工作机制

未成年人检察综合履职要求组织体系、管理方式、评价标准的制度机制配套跟进,增强各方面、各环节的协调性、联动性。

第一,加强队伍建设。以职能优化重组为目标,改进未成年人检察组织结构、权责机制、运行标准。一是融合职能。明确未成年人检察机构的专业化、综合性定位,统一行使"四大检察"职能。加强上下级检察机关未成年人检察资源整合,建立业务指导、挂牌督办等工作机制,一体推进检察职能由"物理整合"向"化学融合"转变。二是明晰权责。建立健全未成年人检察工作评价体系和综合履职激励机制,引导各项职能一体推进。三是培养人才。大力加强未成年人检察人员专业素能建设,重点培养一批适应综合履职需要的多能型、复合型人才。加强与高校、研究机构的合作,注重未成

年人检察相关学科体系建设。完善未成年人检察人才管理标准，把综合履职能力作为评价人才的重要标准，建立专业人才库。

第二，健全支持体系。积极推动建立标准规范、运转高效的支持体系。一是拓展职责范围。根据综合履职实践需求，有序拓展司法社工的职能，增加监护成效考察评估、促进行政争议化解、担任"公益诉讼观察员"、进行家庭教育指导、提供就学就业帮扶等工作内容。二是搭建转介平台。根据各地实际，可依托青少年社会工作服务机构等已有机构，或成立未成年人司法社会工作服务中心等专门机构，专门进行检察机关、共青团委派的工作。三是规范转介程序。贯彻落实《未成年人司法社会工作服务规范》标准，在提升刑事检察社会工作服务质效的基础上，逐步拓展未成年人民事、行政、公益诉讼等方面社会支持体系建设，提升司法转介的专业水准，动员更多社会力量参与未成年人保护工作。

第三，强化业务指导。一是完善程序规程。研究制定综合履职工作指引，推进综合履职互联互通。建立线索分析研判机制，有效提高综合履职线索的利用率。二是推进智慧未检。推进未成年人检察大数据法律监督模型建设，在各地探索强制报告、特定场所、个人信息保护等数据模型的基础上，实现更大范围、更广领域的数据联通，深化对检察监督的智慧支撑，提高综合履职实效。三是完善考评机制。要准确把握司法规律，不能追求不切实际的指标，更不能盲目攀比、走极端。通过科学合理的考评机制，着力提升未成年人教育矫治和保护救助效果。

工作研究

组织未成年人进行违反治安管理活动罪的司法疑难问题研究

柴 萌 马洪斌 韩 千[*]

组织未成年人进行营利性陪酒、陪唱行为会给未成年人造成严重的身心伤害，极易引发其他侵害未成年人的违法犯罪行为发生，并对社会风气造成不良影响，具有严重的社会危害性，应予严厉打击。近年来，司法机关已经就"组织未成年人有偿陪侍"适用组织未成年人进行违反治安管理活动罪达成基本共识，组织未成年人进行违反治安管理活动罪的司法适用呈现较之于以往不同的"活性化"态势，使本罪组织行为的基本类型、既遂判断标准、是否存在承继共犯以及罪数认定等司法疑难问题不断凸显。本文从组织未成年人进行违反治安管理活动罪的司法适用概况入手，通过对已披露的71起相关案例进行深入分析，拟对司法实践中准确适用该罪名提出意见建议。

一、组织未成年人进行违反治安管理活动罪的司法适用概况

为维护未成年人的意志或人身自由以及社会管理秩序，2009年通过并施行的《刑法修正案（七）》增设组织未成年人进行违反治安

---

[*] 柴萌，山东省人民检察院第九检察部三级高级检察官；马洪斌，山东省青岛市市南区人民检察院党组副书记、副检察长、三级高级检察官；韩千，山东省青岛市人民检察院第九检察部副主任、四级高级检察官。

管理活动罪，作为《刑法》第262条之二，以治理在部分地区较为突出的不法分子组织未成年人从事扒窃、抢夺等违反治安管理活动现象。组织未成年人进行违反治安管理活动罪入刑至今已有14年的时间，在此期间，已披露的相关案例仅有71例，可见在整体上，本罪并未得到司法实务的广泛关注与适用。但在近年来，司法机关对本罪的适用却呈现较之于以往不同的"活性化"态势，这一点通过以下数据便可得到确证：即在2009年至2018年的10年期间，司法机关仅披露相关案例32例，平均每年披露3.2例，相比之下，自2019年至2021年，仅3年就已披露相关案件39例，平均每年披露13.3例，后者约为前者的4.2倍。① 这一"活性化"态势的形成，主要源于司法实践中已经就"组织未成年人有偿陪侍"适用本罪达成了基本共识，对此，有以下数据可以证明：即在2019年至2022年，适用本罪的相关案例中，有30例系组织未成年人有偿陪侍案，占该时期披露案件总数的77%，相比之下，在2019年之前，因组织未成年人有偿陪侍而被判处本罪的仅有4例，仅占这一时期已披露裁判总数的13%。现今，组织未成年人有偿陪侍案在数量上已占到适用本罪的已披露案件总数的48%，成为适用本罪的最主要情形。然而面对这一新形势，在本罪司法认定过程中，对于组织行为的规范内涵、既遂认定标准、是否存在承继共犯以及罪数认定等相关的疑难问题不断涌现，亟须加以研究、回应，以强化对本罪适用的司法理性，兼顾法益保护与人权保障的平衡。

二、组织未成年人进行违反治安管理活动罪的司法适用难点

（一）本罪组织行为的基本类型

对于本罪组织行为的基本类型，当前存在自由型组织行为说与控

---

① 相关数据均来自于笔者对北大法宝所载相关案例的统计，统计截止日期：2022年11月1日。由于暂时缺少2022年至今的相关案例，故本统计仅涉及在2022年之前审结的案例。

制型组织行为说的观点分歧。具体来说，作为组织未成年人进行违反治安管理活动罪实行行为的组织行为，在司法实践中呈现三种不同样态：一是仅具有聚合性质而不损及被害人自由的自由型组织行为，如招募、雇佣、策划、领导、指挥；二是在此基础上的对被害人意志或人身自由施以一定程度控制的控制型组织行为，如经济控制、跟踪监视、扣留身份证件等；三为更进一步地对被害人意志或人身自由加以压制的压制型组织行为，如非法拘禁、欺骗、暴力、胁迫等。当前司法实务与学术理论主要是通过直接援引"组织"二字在《现代汉语词典》中"安排分散的人或事物使具有一定的系统性或整体性"这一基本定义，将自由型组织行为作为本罪组织行为的基本类型。① 但也有司法工作人员在具体的办案过程中提出了分歧意见，认为将本罪实行界定为自由型组织行为或导致入罪标准过低，使得本可仅处行政处罚的行为却以犯罪论处，造成刑法的打击面过广，与国民朴素的处罚情感有所背离。这些问题在处理当前数量持续增加的组织未成年人有偿陪侍案时表现得尤为明显。

（二）本罪的既遂判断标准

对于本罪的既遂认定标准这一问题，一种观点认为只有当作为被组织者的未成年人实施完毕相应的违反治安管理活动时才可认定，这是因为既然社会管理秩序是本罪的保护法益，那么构成本罪至少应当要求被组织的未成年人已开始着手违反治安管理活动的行为，甚至应当要求未成年人违反治安管理秩序的行为已经造成实害性结果，只有如此，才可以认为社会管理秩序受到了侵害；② 而另一种观点则认为被组织者是否实施违反治安管理活动与本罪的既未遂无关，

---

① 何萍：《组织未成年人进行违反治安管理活动罪探析》，载《华东政法大学学报》2010年第2期。此外在司法实践中，从以本罪论处的71个已披露案例来看，因采自由型组织行为而入罪的案例有53例，占比约75%，可见该观点已在司法实践中得到广泛认可。

② 杨金彪：《组织未成年人进行违反治安管理活动罪的几个问题》，载《河南警察学院学报》2011年第1期。

本罪的既遂只要求组织行为已经完成，即成功对 3 人以上被组织者施以有效控制从而形成不法团体。①

（三）本罪是否存在承继共犯

对于本罪是否存在承继共犯这一问题，在司法的办案过程中也出现了一定分歧，其中持否定回答的观点认为，本罪属于状态犯，因而在行为人组织未成年人形成以从事违反治安管理活动为目标的不法团体后，就不可能再与之成立共同犯罪，即本罪不存在承继共犯的成立空间；而持肯定态度的观点则认为本罪属于继续犯，因而部分行为人虽然并未参与将未成年人聚合以形成系统整体的组织行为，但仍可基于事后对聚合状态之维持所作出的心理或物理作用，成立本罪的帮助犯或共同正犯，即事先无通谋的后续参与者可以构成本罪的承继共犯。

（四）本罪的罪数认定

本罪行为人在组织非法团体的过程中，可能会采取诱骗、非法拘禁、暴力、胁迫等具有压制被害人意志或人身自由性质的行为，此时便在构成本罪的同时触犯拐骗儿童罪，收买被拐卖的妇女、儿童罪，非法拘禁罪乃至故意伤害罪，因此本罪与这些相关罪名之间的罪数关系问题亟待回应。对此，理论上的观点主要是牵连犯说与数罪并罚说。具体而言，牵连犯说的支持者认为拐骗儿童、非法拘禁等是为了实现目的行为，即组织未成年人进行违反治安管理活动罪之组织行为的手段，与该罪的实行之间应当属于手段与目的的牵连关系；② 与之相对的，持数罪并罚说的论者则明确指出若为组织他人

---

① 朱晶晶、黄应生：《组织未成年人进行违反治安管理活动罪的理解和适用》，载《中国审判》2009 年第 11 期。

② 赵秉志：《刑法修正案最新理解适用》，中国法制出版社 2009 年版，第 135 页。

而绑架、拐骗、收买的,应当数罪并罚;① 相比之下,司法实践的处理则包括数罪并罚与想象竞合两种模式。具体来说,在部分构成本罪同时涉及其他罪名的案件中,如赵某、谭某某等组织未成年人进行违反治安管理活动案,法院就判处了本罪与拐骗儿童罪的数罪并罚,且在吴某组织未成年人进行违反治安管理活动、寻衅滋事案中,法院判处了本罪与寻衅滋事罪、非法拘禁罪的数罪并罚;② 但在赵某某等组织未成年人进行违反治安管理活动案中,法院却认为应成立本罪与非法拘禁罪的想象竞合,认定"赵某某等人限制各被害人的人身自由,其手段行为又构成非法拘禁罪,应依照处罚较重的规定即组织未成年人进行违反治安管理活动罪定罪处罚"。③

三、准确适用组织未成年人进行违反治安管理活动罪的相关考量

(一)本罪组织行为的基本类型宜为控制型组织行为

就本罪的入罪而言,行为人的实行原则上宜为控制型组织行为,即聚合未成年人3人以上使之具有一定的系统性或整体性以从事违反治安管理活动的同时,对被组织者的意志或人身自由施以一定程度控制,但不必达到完全压制、剥夺其意志或人身自由的程度。结合司法实务的办案经验,这一类组织行为具体可表现为:非造成法益关系认识错误的欺骗;扣留财产、身份证、手机等生活必备证件物品;虚构债务合同要求以有偿劳务清偿;长期跟踪滋扰纠缠;以"雇佣"被害人从事违反治安管理活动为名,但将其置于过度严苛的规章制度下等。此时被害人或因意志不完全自由而作出不完全真实的意思表示,或因不胜其烦,不厌其扰,经济、通信与行动自由受

---

① 周光权:《刑法历次修正案权威解读》,中国人民大学出版社2011年版,第194页。
② (2018)豫0482刑初784号,(2020)苏0684刑初77号。
③ (2015)浙温刑终字第889号。

限而在无奈之下从事违反治安管理活动。但如果被组织者为未满14周岁的儿童时，对其仅采自由型组织行为即可入罪。支撑上述观点的依据如下：

第一，契合本罪的保护法益。对于本罪保护法益，根据本罪所处的刑法分则第四章"侵犯公民人身权利、民主权利罪"一章的体系位置，以及被组织者需为"未成年人"且被组织的行为需为"违反治安管理秩序"的构成要件表述，结合本罪保护未成年人免受社会不良习气之沾染、维护社会治安的立法动机，当为"未成年人意志或人身自由与社会管理秩序"这一复合法益。基于此，控制型组织行为因对未成年被害人意志或人身自由的限制干扰，使之处于一种相对不自由的心理强制或人身自由受影响状态，从而使得对本罪人身法益的侵犯达到了不显著轻微的"一般侵犯"程度，进而宜作为本罪组织行为的基本样态。相比之下，虽然自由型组织行为完全符合"组织"二字"安排分散的人或事物使具有一定的系统性或整体性"的基本字面内涵，但如张明楷教授所言，即使某种行为被法条用语涵摄，甚至处于法条文字内涵的中心位置，司法机关也需要实质判断其是否侵犯了值得刑法保护的法益，将未侵犯法益或侵害法益相当轻微的情形排除于刑法的规制之外，① 此时从事违反治安管理活动是未成年人自愿作出的行为选择，组织行为侵犯的法益仅为社会管理秩序，不宜以本罪论处。但需要注意的是，当被组织者是未满14周岁的儿童时，由于刑法通过奸淫幼女型强奸罪与拐骗儿童罪的规范设计，传达出未满14周岁的儿童不具有对其自身意志或人身自由处分能力的价值立场，因此，考虑到在客观上发生的组织未成年人进行违反治安管理活动的行为，使未成年人"早熟"性地接触了其不该参与的社会活动，从而使其在三观塑造的过程受到难以承受的消极影响，阻碍身心的正常成长与发育、养成不良的生活习惯、

---

① 张明楷：《避免将行政违法认定为刑事犯罪：理念、方法与路径》，载《中国法学》2017年第4期。

成为未来实施犯罪的潜在不安因素，进而即便这一手段平和且包含被害人的自愿，也应被视为侵犯了其意志或人身自由，因而足以被认定为本罪成立意义的组织行为类型。

第二，适应司法实践的现实状况。由于采自由型组织行为的组织者多不具备违法性认识可能性，故不宜通过刑法加以普遍规制。详言之，公民对于刑法规制范围的理解并非基于对刑法原文的阅读研究，而是通过观察行政机关、司法机关对相关行为的处理以形成，而在实践中，以组织未成年人有偿陪侍案为例，针对自由型组织行为，仍多是由行政机关通过《娱乐场所管理条例》第14条与第43条，施以相应的行政处罚，在社会现实状况没有发生显著变化的情况下，突然将相同的行为上升到刑法规制的高度，可能会有悖于公民基于对执法实践的观察而形成的法信赖，相关人员基于对执法与司法行为模式的信赖而作出的行为选择，难以被认定为具有违法性认识可能性。

第三，符合刑法比例原则的基本要求。具体来说，仍以组织未成年人有偿陪侍案为例，采自由型组织行为的场合，通过对娱乐场所加以吊销许可、责令停产停业，对负责人没收违法所得、罚款，就足以使其丧失继续组织未成年人有偿陪侍的意愿与能力，高效严格的执法亦会对其他潜在的违法者产生威慑使其忌惮为之，如果在此基础上还要求通过刑罚手段加以预防威慑，并不能完全契合刑法比例原则中必要性原则之"当有多种合目的之手段，应选择对公民个人权益侵害最小的那个"基本要求，使国家为实现公益所采取的手段与其所侵害的私益之间难以保持相当程度的比例关联性。[①]

（二）本罪既遂形态的认定与被组织的行为是否开展无关

本罪属于行为犯，即本罪的成立或既遂仅取决于组织行为是否着

---

① 于改之、吕小红：《比例原则的刑法适用及其展开》，载《现代法学》2018年第4期。

手或者完成，而并不受到作为结果的被组织行为开展与否的影响。虽然社会管理秩序法益是本罪的保护法益之一，但成立本罪无须对其造成实害，仅需要达到造成具体侵害危险的"侵犯"程度即可，而该法益被侵犯的有无及程度虽然需要通过被组织行为的性质加以反映，但这一性质通过组织行为的目标指向和内容就能够判断，无须借助被组织行为的实行以彰显。这一观点获得了部分学者的赞同，如周光权教授和王文华教授均明确指出本罪为行为犯，只要行为人实施了组织行为就构成既遂，至于被组织者是否实施了盗窃、诈骗、抢夺、敲诈勒索等违反治安管理活动不影响本罪的既遂，对于未成年人是否实施了违反治安管理的活动，以及可能造成的损害结果，只是作为本罪的量刑情节加以考量；① 同时也取得了相关司法判例的认可，在游某某、夏某某组织未成年人进行违反治安管理活动案与莫某某组织未成年人进行违反治安管理活动案中，行为人虽完成了组织未成年人进而形成盗窃团体的行为，但在被组织的盗窃行为尚未开展前即被抓获，对此法院依旧判处了本罪的既遂。② 故而在本罪的行为犯形态下，既遂以组织行为的完成为标准。未遂唯在组织行为未能完成，即没能成功形成对3人以上未成年被组织者的控制，未能将其置于自己的实力支配下，进而形成有系统性的违法群体时，方才有成立空间。

（三）本罪基于继续犯属性因而存在承继共犯

本罪中的组织行为以使被组织者形成聚合状态作为既遂标准，但在本罪既遂后，组织行为却不因此而处于终了状态，而是为维持非法聚合性团体而持续性地开展，进而为长期组织未成年人开展违反治安管理的活动创造条件，这一继续犯属性为承继共犯的成立提供了空间。具体来说，在吴某组织未成年人进行违反治安管理活动案

---

① 周光权：《刑法历次修正案权威解读》，中国人民大学出版社2011年版，第242页。
② （2014）渝北法刑初字第01099号，（2014）独刑初字第106号。

中，本罪这一继续犯形态便得到了充分展示。在本案中，被告人在已经组织未成年人形成有偿陪侍不法团体的情况下，仍然在 2018 年 5 月至 10 月长达几个月的时间内，持续性地通过对被害人施以欺骗、胁迫、非法拘禁等手段以迫使其长期提供有偿陪侍服务，并且在被害人试图逃跑未果后对其进行辱骂、殴打甚至奸淫，① 上述行为均可视为是为维持有偿陪侍群体而实施的组织行为，说明了在实践中本罪行为人对被组织者的法益侵害不会因聚合状态的完成而终了，而是将持续性地进行。对于本罪存在承继共犯这一观点，亦得到了司法实务相关案例的认可。如在"组织未成年人有偿陪侍案"中，实践中比较常见的是由所谓的"陪侍女"外包团队通过与有需求的娱乐场所达成合作的方式，以开展组织未成年人有偿陪侍这一非法行为。具体来说，非隶属娱乐场所的"陪侍女"外包团体管理者，先通过非法手段招募引诱未成年人形成"陪侍女"非法团体，并对其加以一定时间的管理培训，而后向各娱乐场所进行宣传，承诺可以为其客人提供有偿陪侍服务，各娱乐场所只需根据客人需求向其订购陪侍服务，并提供陪侍场所即可从客人支付的陪侍费用中抽成。② 在这类案件中，涉案娱乐场所的相关责任人并未对陪侍未成年人群体加以初始聚合与控制，然而司法机关却仍基于其为外包组织团伙提供场地便利、发起有偿陪侍动议以提供获利机会，从而在客观上为陪侍未成年人群体的实际管理者提供了继续维持非法聚合状态的心理强化以及物质支持这一相关事实，认定其与外包团体负责人成立共同犯罪，应当以本罪的从犯论处。③

---

① （2020）苏 0684 刑初 77 号。
② （2021）川 1527 刑初 8 号，（2020）川 1528 刑初 28 号，（2020）豫 0329 刑初 134 号。
③ （2020）豫 0329 刑初 544 号。

（四）本罪与行为人组织过程中触犯的其他罪名成立想象竞合

本罪行为人在组织非法团体的过程中同时触犯的非法拘禁罪、拐骗儿童罪等罪名的，宜持本罪与相关罪名想象竞合从一重的处理模式，但这并不意味着本罪的实行行为是包含手段与目的行为的复合行为类型。具体来说，由于本罪的组织行为在基本内涵上系"安排分散的人或事物使之具有一定的系统性或整体性"，故任何助力于使分散之个体凝聚成系统之整体，或对已形成的团体维系有利的行为，都属于本罪的组织行为。因此在组织过程中出现的拐骗、收买、非法拘禁乃至故意伤害等行为，无论在目的上还是在实际效果上，均为"通过形成或加强对被组织者的控制从而塑造或维系从事违反治安管理活动之非法团体"，属于组织行为的内容，故同时涉及其他罪名时，属于同一行为触犯若干罪名的想象竞合犯，应择一重罪论处。简言之，拐骗等行为在本质上是本罪组织行为的具体表现样态，二者属于下位概念与上位概念之间的关系，并非两个不同类型的行为，因此既不属于数罪并罚的范畴，亦不构成牵连犯，同时也没有必要将本罪解释为复合行为犯。

未成年人刑事案件社会调查制度规范化研究

程 序 等[*]

在刑罚个性化、儿童福利等理论的共同影响下，社会调查制度在少年司法领域应运而生。从我国未成年人司法工作的发展趋势来看，如何为涉罪未成年人提供全面综合的司法保护成为新时代法治环境下的重要课题。未成年人刑事案件社会调查制度是践行未成年人司法系列理念与原则的基石，在涉罪未成年人社会化处分、个别化处遇、针对性帮教方面都具有特殊的价值。实践中，社会调查已在世界上许多国家少年司法制度中予以规定，成为未成年人刑事案件处理的必经程序；我国的未成年人刑事案件社会调查制度是在实践探索中逐步形成，后被 2012 年的刑事诉讼法予以确认，实现了"从无到有"的突破。然而现有法律框架下我国的未成年人刑事案件社会调查制度仅是"可以"而非"必须"启动的程序，法律属性的定位局限于"办案和教育的参考"，公安、检察院、法院"各自为政"的规范与理解，调查的专业化程度不高等种种问题，都掣肘着制度的进一步发展。

---

[*] 程序，江苏省南京市人民检察院副检察长。本文其他作者：徐莉，江苏省南京市人民检察院第八检察部主任；颜伶俐，江苏省南京市人民检察院第一检察部副主任；施晓明，江苏省南京市人民检察院第八检察部员额检察官；巫星星，江苏省南京市栖霞区人民检察院第四检察部副主任。

一、理论探究：未成年人刑事案件社会调查制度的理论依据和国外规制

（一）未成年人刑事案件社会调查制度的基本原理

1. 恢复性司法理念

随着青少年恶性犯罪的不断出现，传统的保护主义司法理念下公共安全和被害人权益受到了严重侵害，因而传统的保护主义司法理念受到了公众的广泛质疑。但应该如何处理罪错少年呢？恢复性司法理念应运而生，其旨在建立一个以犯罪人、被害人和社区为中心的综合协调机制，确保犯罪人承担相应的法律责任，向被害人履行相应的法律义务，将社区的整体安全水平恢复到犯罪前的状态。怎样让罪错少年自愿承担修复受损社会关系成为该协调机制成功搭建并有效运行的关键。一方面，要让罪错少年充分认识自己的罪错以及导致罪错的原因；另一方面，则要让其心甘情愿地承担修复的责任，包括承担道歉、赔偿、公益劳动等道义责任，也不排除接受刑罚的惩罚。

我国传统文化强调和谐，和谐社会的构建向来都是人民群众的美好期待。少年罪错行为从某种程度上来说是社会问题的产物，如何化解矛盾、解决问题应当成为我们全社会共同努力的方向；同时，罪错少年自身也面临着重返社会问题。恢复性司法为我们构建有效遏制少年罪错、并帮助其顺利回归社会的少年司法制度提供了全新的思路。然而，无论是决定处分的恢复性司法程序，还是后续的恢复性矫正程序，了解罪错少年的经历、罪错原因、成长环境和人格特征等仍是必不可少的前提。从这个角度来说，未成年人刑事案件社会调查制度是践行少年恢复性司法理念的前提，为选择恰当的恢复性司法程序、决定承担何种惩处和帮教措施、明确社会化需求提供了重要依据。

2. 最有利于未成年人原则

少年司法与刑事司法最本质的不同在于两者立场不同，前者为未成年人本位，即坚持最有利于未成年人原则；后者是社会本位，即根据犯罪嫌疑人行为危害社会的大小进行不同的刑事处罚。未成年人身心发展的特殊性决定了对他们需要特殊保护，这种特殊保护决非仅仅是处理上的"轻缓化"，即比照成人犯罪从轻、减轻或免除处罚，而是要根据"最有利于未成年人原则"，明确罪错少年回归社会的需要，确定并落实最佳的司法处遇，包括强制措施的适用、程序选择和处分确定等。

具体到未成年人刑事案件处理中，"最有利于未成年人原则"首先要注重未成年人的特殊性，关注未成年人身心特点，区别于成人刑事司法的办案模式、理念，充分保障涉罪未成年人的诉讼权利；同时，应当充分关注与未成年人权益保障密切相关的线索，全面、综合保障未成年人各项权益。怎样才能全面了解罪错少年的身心特点？单纯依据已然罪错行为是远远不够的，还需要了解他们的成长经历、罪错成因、成长环境以及人格状况等。怎样才能发现与未成年人密切相关的权益保护线索？刑事案件侦查、审查之外，其他线索的挖掘、审查必不可少。从以上两个角度来看，社会调查制度有可能全面了解、评估涉罪未成年人及其周边环境，对涉罪未成年人刑事处遇中的"最有利于未成年人原则"是必不可少的环节，也应当成为建立中国特色少年司法制度的基础。

3. 未成年人保护处分理论

伴随少年司法而生的还有未成年人保护处分理论。保护处分，指对涉罪未成年人或有不良行为、严重不良行为的未成年人采取的受益性处遇措施，日本《少年法》称为"保护处分"，俄罗斯《联邦刑法典》称"强制性教育感化措施"，德国《少年法院法》称为"教育处分"和"惩戒处分"。本文仅限于指涉罪未成年人在刑事司法过程中采取保护性处遇措施，其目的是通过采取刑罚外的专门性教育矫治措施来预防或避免未成年人再犯罪。在未成年人实施了与成年人相同的犯罪行为时，考虑到其生活环境、身心特点和回归社会的需求，对其展开个别化的教育帮助其重新回归社会。

保护处分的核心特点系针对未成年人个别特点进行个别化教育，社会调查可以有效辅助明确每个未成年人个别化特质。通过从家庭、学校、社会等多渠道对涉罪未成年人开展调查，全面了解其家庭情况、人际关系、工作学习、心理状态和犯罪原因，给司法机关提供评估涉罪未成年人罪错行为的性质、情节和人身危险性的依据，据此作出是否可以适用保护性处分的决定。同时可以对作出的保护性处分措施展开跟踪评估，弹性适用保护处分的期限、调整保护处分措施等，切实提高保护处分的效果。

（二）国外未成年人社会调查制度的实践考察

1. 美国的缓刑官制度

美国的社会调查制度贯穿于刑事诉讼的全过程，包括庭前调查和判刑前调查。根据各州法律规定，少年法院或者少年法庭除设立少年法官外，另设缓刑官员。少年法院在接到相关人员或机构提出的控告后，由缓刑官员启动案件的社会调查程序，对涉案青少年的背景性材料进行调查。[1] 这种初步的调查目的不是确定被告人是否有罪，而是为争取案件的非正式处理提供参考依据。[2] 依据调查的情况，只有那些严重罪错的未成年人才会被提出正式的诉状，进入刑事诉讼程序。[3] 未成年人被正式起诉后，缓刑官展开进一步的社会调查，这是判刑前的社会调查。为给少年缓刑官充足的社会调查时间，

---

[1] 康树华、郭翔主编：《青少年法学参考资料》，中国政法大学出版社1987年版，第727—728页。
[2] 杨雄：《未成年人刑事案件中社会调查制度的运用》，载《法学论坛》2008年第1期。
[3] 曾康：《未成年人刑事审判程序研究》，西南政法大学2007年博士学位论文，第49页。

少年法院正探索将审理阶段和判决阶段分开。① 缓刑官要证实所收集信息的客观真实性,综合评价这些信息。经过调查后,缓刑官应当撰写调查报告,并提交少年法官。在法院对被告进行处理性审理时,缓刑官负责向法院展示被告人的基本信息和情况,帮助法官作出既满足量刑的惩罚、威慑功能,又满足其矫正功能的公正量刑。②

2. 日本的家庭裁判所制度

在日本,未成年人案件是家庭裁判所的专属管辖案件。家庭裁判所负责审判和调解有关家庭的案件、审判未成年人保护案件、审理危害未成年人福利的成年人刑事案件。家庭裁判所受理案件后,开始庭前的社会调查,以判断其是属于未成年人刑事案件还是未成年人保护处分案件。《日本少年法》第8条、第9条规定,家庭裁判所如果认为应该将未成年人交付审判时,必须对案件进行调查。家庭裁判所的每一个法官可以配备3—4名家庭裁判所调查官,对家庭婚姻内纠纷和未成年人犯罪的原因进行调查,为法官决定对未成年人的处分提供依据。③对调查官进行调查的方法,《日本少年法》没有明确规定。一般情况,调查官可以传唤未成年人和相关人员到家庭法院听取其陈述,也可以直接到少年、保护人住所、工作单位、学校听取其陈述。另外,调查官根据需要还可以向学校或者工作单位提出书面照会。④还应当掌握被害人的情况,并进行询问调查。在调查之后,调查官将报告调查以及处理建议交给家庭裁判所,如家庭裁判所作出刑事处分案件的决定,就由家庭裁判所进行审理。在庭审过程中,根据法律规定除了经法官的许可,家庭裁判所调查官必须出席审判。这样就保证了法官在作出裁判前对违法少年有充分的了

---

① 温小洁:《我国未成年人刑事案件诉讼程序研究》,中国人民公安大学出版社2003年版,第78—79页。
② 刘立霞等:《品格证据在刑事案件中的运用》,中国检察出版社2008年版,第40页。
③ 郭云忠:《刑事诉讼谦抑论》,北京大学出版社2008年版,第50页。
④ 陈仲庚、张雨新:《人格心理学》,辽宁人民出版社1986年版,第35页。

解。① 这些调查为了保护未成年罪犯的隐私，法律规定在调查过程中要求相关人员严格保密。

3. 德国的少年刑事诉讼协理机构

根据《德意志联邦共和国青少年刑法》第 43 条和第 109 条规定，"诉讼程序开始后，应当尽快地对有助于判断被告思想、道德和个性特点的被告人的生活背景和家庭情况，成长过程、至今为止的行为以及所有其他情况进行侦查。如有可能应当听取家长、法定代理人、学校、师傅或者其他职业培训领导人的意见。如果未成年罪犯担心听取相关人员的意见会给他带来不利的影响，尤其是可能使其丢掉工作岗位，就可以不听取他们的意见"。② 德国未成年人社会调查制度一个非常重要的特点，是调查工作由少年刑事诉讼协理机构负责，③ 而少年刑事诉讼协理由少年福利局在少年教育联合会协助下执行，具体过程是警察受理了未成年人违法案件以后，应当通知当地的少年福利局，由其选派一名少年法官助理进行社会调查，该少年法官助理为社会工作者，必须就未成年人的生活环境、生理和心理特征、个性、行为的社会背景以及犯罪情况等事项进行深入地调查研究。④ 所以，在德国，未成年人社会调查是在诉讼程序开始后，主管当局就应当通知少年刑事诉讼协理机构启动调查程序。通过调查后，调查员应当向少年检察官和法官告知，少年检察官在接受案件和社会调查报告后再进行审查，如果认为必要，向法院提起诉讼。当检察官将起诉书送交法官，法官认为处罚没有必要，给被告人规定强制性义务、警告等措施更适宜，或者被告人没有成年，

---

① 尹琳：《日本少年法研究》，中国人民公安大学出版社 2005 年版，第 176 页。
② 北京大学法律系国外法学研究室编：《国外保护青少年法规与资料选编》，群众出版社 1981 年版，第 140—163 页。
③ 温小洁：《我国未成年人刑事案件诉讼程序研究》，中国人民公安大学出版社 2003 年版，第 78—79 页。
④ 陈冰、李雅华：《德国少年司法保护简述》，载《青少年犯罪问题》2005 年第 3 期。

不负刑事责任时，法官可以宣告终止程序。① 法官认为有必要，继续庭审时，这些调查人员就可能采取的处罚措施可以向法官就可能采取的处罚措施提供一些建议。同时，他们具有监督未成年罪犯执行指令和强制义务的权限，并且与监狱里的未成年罪犯保持联系，以便帮助他们在释放后能够重新融入社会。②

（三）国外社会调查制度的特征与借鉴

1. "二元化"与"一元化"司法机制

上文探讨的美国、日本、德国皆为未成年人司法制度与刑事案件制度二元化的国家。在这些国家中，未成年人刑事案件社会调查在不进入刑事案件程序时，不具备辅助量刑功能或逮捕审查功能等，仅在未成年人专门程序上重在对未成年人保护处分。

我国采用未成年人司法程序从属于刑事诉讼程序的一元化机制，与二元制司法机制存在本质差别。未成年人刑事案件社会调查既具备辅助未成年人处分与社会帮扶特性，也具备刑事诉讼程序需求，如逮捕审查，或量刑辅助需求，如为缓刑提供参考等功效。上述国外经验重在体现未成年人案件特性，为未成年人特殊处分或帮扶，如附条件不起诉，或家庭教育、社会救助起作用。我们社会调查需服务于一般刑事司法的任务，因而我国的未成年人刑事案件社会调查具备双重性。

2. 国外社会调查制度的特征

第一，社会调查的性质明确。三国法律都对社会调查作了明确规定，将其作为一项制度予以确立，且都规定了作为少年司法的必经程序，调查过程与案件的刑事处理过程相分离，结论可实质化运用

---

① 曹卫红：《美国、日本、德国少年司法制度的比较》，中国政法大学2005年硕士学位论文，第22页。

② 北京大学法律系国外法学研究室编：《国外保护青少年法规与资料选编》，群众出版社1981年版，第552页。

于案件分流与处遇、矫治。

第二，调查的内容全面且稳定。主要包括犯罪情况、成长背景、人格状况、现实情况、心理特征等。调查的方法也主要是走访、听取陈述和意见、鉴定等。

第三，社会调查主体专业化。无论是缓刑官、家庭裁判所调查官，还是少年刑事诉讼协理机构，法律明确规定了社会调查主体，且这些主体都是独立且专业的，依照规定自行或者委托开展社会调查工作。

3. 对我国未成年人刑事案件社会调查制度的启示

尽管国外社会调查制度与我国的未成年人刑事案件社会调查制度的适用从司法机制属性上存在较大差异，但其作为一项基本制度本身，对我国社会调查制度的完善与发展仍具有一定借鉴意义。我们可以在准确把握我国未成年人司法实践的基础上，学习其制度理念、立法规范与实践运行经验。

一是我们应当从立法上明确社会调查制度的性质，并从形式上将其独立于刑事处遇程序；二是可将调查主体向专门化、专业化方向推进；三是规范调查内容和程序，严格落实保密制度，明确在涉罪未成年人及其监护人明确表示听取特定人员意见会给他们带来不利影响且给出合理解释的情况下，可以不听取特定人员意见；四是将调查报告成果向后延伸。对起诉至法院并被判处刑罚的被告人，应当跟踪予以恰当的处遇措施，帮助其重新融入社会。

二、现状反思：未成年人刑事案件社会调查制度的立法现状与实践困境

目前，社会调查制度已经在我国未成年人刑事诉讼立法与实践中予以确认与运用，但依然在法律属性、专业性及实施运用等方面存在较多问题。本次调研我们在梳理现有制度立法的基础上，结合 J 省 N 市近两年来（2020 年、2021 年）在 320 件未成年人刑事案件中开

展社会调查工作的情况，厘清该项制度在实践运作中存在的问题，并结合制度背后的价值理念，探寻问题出现的深层原因。

（一）立法不足导致实践操作的混乱

综观社会调查制度的立法和规范性文件，我们发现存在两个问题：一是从立法层面未明确制度的法律属性，且其适用的标准是"可以"而非应当；二是部门间联合发布的规范制度运行的专门性文件缺位。这两点给该制度在实践中的运用带来一些其自身无法解决的难题，阻碍着其取得进一步的发展。

1. 未成年人刑事案件社会调查报告的法律属性不明确

调研中我们发现，在审判环节法官对于社会调查报告运用，尤其在量刑上的运用持非常审慎的态度。除却报告本身的质量问题，法官们最大的顾虑就是社会调查报告的法律属性不明。

关于报告的法律属性问题，自我国引入社会调查制度以来，实务界和理论界的争论就一直存在，其根本原因在于刑事诉讼法上无规定、规范性文件均采取"办案参考"的模糊表述，给理论探讨和实践探索都留下了足够的"遐想空间"。

在 J 省 N 市，两年中 473 份社会调查报告中有 111 份在法庭中接受质证，55 份社会调查报告内容在法院判决书中被引用，仅有 6 件案件申请了社会调查人员出庭。接受法庭质证的这部分报告，控辩双方也仅发表质证意见，不再提供其他证据予以佐证，故提出的意见往往也没法被法官采纳，社会调查报告的法庭审查大多流于形式。

社会调查报告尚不明确的法律属性，不仅从程序上制约着制度本身的规范性运行，无法以证据规范对其严格约束、导致实践操作的随意性，长此以往也必然阻碍法官在量刑时的考量，难以充分发挥制度在刑事裁量处遇中的作用。

2."可以"还是"应当"

从社会调查制度设计的应有功能价值看，应当包括个别化处遇、特殊保护、犯罪预防三个层面，发挥未成年人正确处遇与权益保护、社会关系修复的特殊功效。在少年司法领域，特殊保护应当不予区分地普遍适用于每一个涉罪未成年人。然而，我国目前对于社会调查制度的规定仍停留在"可以"的层面，即社会调查主体有权选择对涉罪未成年人是否开展社会调查。

这种选择性的规定，严重影响了社会调查制度的执行效果，也在某种程度上对涉罪未成年人进行了"有选择的保护"。同样是未成年人刑事案件，有的开展社会调查，有的没有，从其价值功能实现的角度看，是否造成结果的不公平？尤其是在办案人员和经费不足的地区，"可以"容易消解成"偶尔"甚至"从不"。[①] 从这个角度看，又会造成地域间涉罪未成年人权益保护及案件处理的不公正。

3. 多调查主体间缺乏有效衔接

调查主体主要是指承担社会调查职能的机构或个人，包括决定调查程序启动及调查报告使用的职权主体和实施社会调查的执行主体。[②] 实践中，我们习惯将职权主体和执行主体统称为调查主体。按照刑事诉讼法规定，进行社会调查的公安机关、人民检察院和人民法院应当属于这里的调查职权主体；实践中接受委托的"社区矫正部门""共青团组织""专业社会力量""有关组织和机构""其他社会组织"等皆属于调查执行主体。

对于法律授权的公、检、法三个调查职权主体来讲，都可自行启动社会调查。N 市两年中大多数涉罪未成年人社会调查工作由检察机关启动，法院更多承担社会调查报告审查工作，仅有部分法官开展补充调查工作。具体来说，N 市社会调查工作启动机关主要是公安机关（占比 36%）和检察机关（占比 64%）。

---

① 邰占川、刘洋：《从模糊文本走向生动实践——未成年人社会调查制度的困境与化解》，载《西北师大学报（社会科学版）》2015 年第 6 期。

② 蒋雪琴：《我国未成年人社会调查制度实践考察》，载《兰州大学学报（社会科学版）》2014 年第 5 期。

N市目前社会调查执行主体分为四类：一是司法行政人员（占比39%）；二是检察人员（占比34%）；三是公安人员（占比14%）；四是社会机构人员（占比13%）。

这种实践中形成的检察机关为主导、司法行政人员具体开展调查的模式背后的原因主要有以下两点：

一是不同诉讼环节对社会调查重视程度不同。在"少捕、慎诉、少监禁"的未成年人刑事政策之下，许多涉罪未成年人被作出不起诉处理，对其作出（附条件）不起诉决定的检察机关必然会更加关注社会调查报告的情况，考量涉罪未成年人的悔罪表现、帮教条件及回归社会的可能性。这一点也充分体现在2017年最高人民检察院出台的《未成年人刑事检察工作指引（试行）》中，规定了"一般应当"进行社会调查，并严格限定了例外情况。在立法上仍然保留了"可以"不进行社会调查的情况下，检察机关之外的其他两类主体启动社会调查的动因更小。

二是社会调查报告与社区矫正调查评估报告的混同。刑事诉讼中，除了未成年人社会调查制度外，还有一种是社区矫正调查评估制度。社区矫正调查制度适用于所有刑事案件，与未成年人社会调查在调查依据、主体、内容和目的上均有很大不同，但实践中却产生某种程度混同，未成年人社会调查启动主体为公安机关时，多委托司法行政人员具体开展调查。

这种调查模式存在两个弊端：其一，调查启动时间问题。检察主导下的社会调查多启动于审查起诉环节，但从社会调查效果来说，于侦查阶段启动可以发挥更大效用。其二，调查报告指向性不明确。首先司法行政人员的调查更偏重于是否适用于社区矫正，而未成年人社会调查的目的是作为个别化刑事处遇、帮教的依据。这两点在某种程度上都影响着社会调查的质量，阻碍其效用最大化发挥。

此外，2020年新的社区矫正法实施之后，该种模式面临了更大的"挑战"。多地司法行政部门不再接受公安、检察院的委托，只接受"社区矫正决定机关"的委托,理由就是该法第 18 条明确规定了"社区矫正决定机关根据需要,可以委托……"进而得出司法行政部门不再接受非"社区矫正决定机关"的公安、检察院的委托。这本质上是对两种社会调查概念的混淆。

(二) 未成年人刑事案件社会调查制度专业化发展程度不高

除了"先天性"规范不足之外,实践中社会调查实施过程的专业性也不高。目前,在全国范围内尚无统一标准的情况下,各地调查主体资质、调查内容、调查报告呈现形式千差万别,普遍存在专业化程度不高的问题。

1. 调查人员无统一资质要求

社会调查本身是一种高度专业性的活动,其获取信息、风险需求评估都需要有专业的知识和技能。社会调查的专业性决定了该项制度必须由具有专业资质、知识、技能的机构或人员来操作,因而拥有一定专业资质的调查人员是保障社会调查报告质量的根本。

刑事侦查活动的专业性已经得到普遍认可,但是作为涉罪未成年人犯罪成因分析、刑事处遇、矫正帮教的社会调查活动的专业性无论在立法还是实践中都没有得到相应的重视。目前,一方面关于司法社会调查主体资质并未形成统一性的规范标准,另一方面司法实践中司法社工作为调查执行主体的比例较小,公安、检察和司法行政人员的专业化之路更是受时间、经历、专业所限难上加难。

此外,受委托开展社会调查工作的调查人员的诉讼地位也是一个必须规范的法律问题。作为刑事诉讼参与者的社会调查人员,在诉讼过程中的基本权利义务并没有在法律中予以确认,给调查过程也带来了许多障碍。实践中,司法社工开展社会调查的,需持有公安、检察机关的介绍信进行,但仍然会遇到不配合的单位或个人。最大的难题在于被羁押的涉罪未成年人的社会调查工作:根据刑事诉讼法规定,被拘押的被告人在判决前除承办案件的检察官、法官和辩护律师外,其他人员是不能会见被告人的。① 社会调查中,与涉罪未成年人本身的面谈、测评是一个重要环节,法律上没有会见权的调查员很难完成这项工作。

2. 个案调查的差异性较大

在规范层面,我国对社会调查的内容作了比较明确的规定,与西方国家有关社会调查的内容并无太大差异。② 最高人民检察院印发的《人民检察院刑事诉讼法律文书格式样本》中,对未成年人社会调查方式、内容等进行了概括性规范,其中调查内容涵盖了家庭背景、个性特点、与案件相关情况、对涉案行为的认识、帮教条件、综合评价意见等6个方面。目前,在调查内容的细化与规范化探索上,检察机关走在三个主体之先,而难点在于如何将成果覆盖于全部调查执行主体。

另外,实践中的调查报告并不能完全按照规范性样本内容涵盖所有调查项目。就J省N市的473份报告中,仍有54份无犯罪原因分析部分,能够全部涵盖所有调查内容的报告只有117份,占比24.74%。事实上,因为每个案件都有其特殊性,涉罪未成年人的学校、家长不同的配合程度,生活环境的复杂程度不同,每一份社会调查报告按照程序化、标准化规范进行的可行性并不高。

相比于"调查什么",如何收集和整合调查信息的规范化进程仍未启动。在明确的调查内容和调查方向的框架内,调查人员对信息恰当、精准收集及对信息的充分把握至关重要。我国调查信息整合尚处于未成年人司法机构人员主观性综合判断状态,导致"同样信息不同判断"的差异性问题。③

---

① 陈立毅:《我国未成年人刑事案件社会调查制度研究》,载《中国刑事法杂志》2012年第6期。

② 蒋雪琴:《我国未成年人社会调查制度实践考察》,载《兰州大学学报(社会科学版)》2014年第5期。

③ 姚学宁:《域外未成年人司法之风险需求评估量表探究》,载《当代青年研究》2021年第4期。

3. 对风险需求评估的重视程度不够

理论界和实务界探讨大多集中于社会调查内容与方法上，结合社会调查功能与目的，对实务中社会调查报告的审查者和使用者们（检察官、法官）来说，更加关注的是通过科学方法调查相关内容后获得的结论，即风险与矫正需求的评估。风险评估主要包括再犯风险、妨碍诉讼的风险；矫正需求是对涉罪未成年人回归社会的需求的一种评估与描述。

"人身危险性是影响量刑的重要因素是一个不争的事实，而反映人身危险性的犯罪人个人情况的确是一个极其复杂的问题，对其研究需要从刑法学、犯罪学、刑事政策学、社会学、心理学、人类学、医学、经济学、罪犯教育学等不同学科的视角进行展开。"[1] 这就对调查人员本身的专业素质、调查方法提出了非常高的要求。受上文提到的调查人员专业性、调查过程的专业化程度不高等因素制约，实践中许多社会调查报告通篇是客观调查情况描述，而缺少风险、需求评估部分，或者简单地作出"经评估，不（可）适用缓刑"的结论，拿到该类社会调查报告的检察官、法官们必然难以依据此作出恰当的个别化处遇措施。

（三）未成年人刑事案件社会调查报告实质化运用存在偏差与障碍

从社会调查制度功能发挥的角度出发，报告的实质化运用在实践中或是存在价值理念上的偏差，或是现实的障碍，这些问题的出现，阻碍了调查制度功能的实现。

1. 片面追求"从宽"效果

除了部分社会调查报告因为风险、需求评估不到位，调查内容粗略等原因"一律从严"——直接否定涉罪未成年人的回归社会可能

---

[1] 王刚：《论我国刑罚理论研究中的四个误区——刑罚目的一元论之提出》，载《法学论坛》2012年第1期。

性外，还存在对"教育为主、惩罚为辅"刑事政策的误解——以社会调查报告配合"从宽"的需求。更有学者认为"社会调查报告的作用不但被异化为轻缓处罚的倾向性依据，还可以作为降格适用强制措施的依据，甚至认为社会调查员的主要职责是为未成年人'说话'"。①

实践中，许多基层司法工作人员都指出，适度的羁押措施对涉罪未成年人的教育挽救、回归社会有着正向作用。部分涉罪未成年人在刑事立案后直接被采取取保候审决定，在接下来的程序中，尽管依然依法讯问、训诫、法治教育，但这些措施的教育效果并不明显。由于被取保候审的未成年人一直处于正常生活环境中，他们当中的部分人甚至无法意识到自己"涉罪"，或者并不觉得犯下多大过错。英国司法机关会通过短期的羁押来达到"短促而尖锐的震撼"感受，以达到对犯错的未成年人实施教化的效果。② 社会调查的本质是遵循儿童利益最大化，有针对性地对涉罪未成年人开展教育和矫治，不分情况、毫无原则的"从宽"有违制度设计初衷，也并非实践运用的良方。

2. 律师调查权未能充分发挥作用

目前，刑事诉讼法中关于社会调查制度的规定仅仅提到了公安、检察院、法院三家的调查权，并未提及辩护人的调查权问题。实际上，最高人民法院《关于适用〈中华人民共和国刑事诉讼法〉的解释》（以下简称《刑诉解释》）这些更加细化的规定中已经对律师的辩护权有所表述。如《刑诉解释》第568条规定，"对人民检察院移送的关于……等情况的调查报告，以及辩护人提交的反映未成年被告人上述情况的书面材料，法庭应当接受"。《未检工作指引》第28条规定："人民检察院办理未成年人刑事案件，应当对公安机关或者

---

① 陈海平：《未成年人犯罪案件社会调查制度冷思考》，载《海南大学学报（人文社会科学版）》2009年第1期。

② 参见张栋：《未成年人案件羁押率高低的反思》，载《中外法学》2015年第3期。

辩护人提供的社会调查报告及相关材料进行认真审查，并作为审查逮捕、审查起诉、提出量刑建议以及帮教等工作的重要参考。"

三份规范性文件都提及了辩护人提交的社会调查报告，当然《刑诉解释》中采用了较为模糊的"书面材料"表述，未能明确其"社会调查报告"性质。实践中，辩护人对社会调查报告的参与度并不高。主要体现在两方面：一是公安、检察院两家调查过程一般不会通知辩护人，没有设置律师知悉程序；二是辩护人本身也无主动调查的积极性，实务中由辩护人主动启动社会调查并提交司法机关的情况更是寥寥无几。

辩护人参与度低，一方面，法官对由公安、检察院单方作出的社会调查报告的准确度、全面性持更加审慎态度，而法庭质证环节的形式化、补充调查环节的欠缺更增强了对社会调查报告结论的质疑；另一方面，法官对于社会调查报告的认可度、运用度不高，也让辩护人开展并参与到社会调查工作中的积极性欠缺。从这个角度来说，社会调查制度陷入了某种循环的困境。

3. 未成年人刑事案件社会调查的地域障碍

随着中国社会经济的高速发展，一方面流动人口增多，异地犯罪增多；另一方面网络犯罪的增多，犯罪地的概念更加广泛。实务中，非犯罪地户籍的涉罪未成年人越来越多，社会调查的异地衔接问题越来越突出。

一是"有没有"的问题。社会调查制度目前并非未成年人刑事案件处理的法定前置程序，各地实践中对该项制度的探索程度不同，委托异地调查并不能全部顺利实现；尤其当居住地和户籍地不一致时，如涉罪未成年人在居住地居住了一段时间但未办理居住证，就会出现两地社会调查人员均拒绝接受委托的情况。

二是"好不好"的问题。犯罪地司法机关委托本地或异地社会组织人员开展社会调查工作，前者面临路途遥远、语言、风土人情差异等客观因素的阻碍，尤其近年来疫情之下的这类社会调查是难上加难；后者因为各地社会调查的标准和规范性不一，调查报告的科学性、专业性存疑，调查报告最终运用于犯罪地司法程序的效果会大大降低。

三、规范性重构：未成年人刑事案件社会调查制度的改进和完善

如上文所述，我国未成年人刑事案件社会调查制度从其功能属性上来看，既有未成年人处分与保护的功能，也有服务于一般刑事诉讼程序与定罪量刑的实体功能。这种双重性功能决定了未成年人刑事案件社会调查的复杂性与特殊性，因而其内容也应包括体现未成年人特殊性的结论，如是否适用附条件不起诉、是否需要心理辅导、家庭教育指导等；也应有刑事诉讼程序需求的结论，如是否应当逮捕、量刑服务、缓刑判断等功能。结合前期实证调研，本文将围绕以上未成年人刑事案件中社会调查制度功能目标的实现，探讨通过构建一元化、标准化调查制度，更好实现制度的实质化运用。

（一）以实现功能定位为目标构建一元化未成年人刑事案件社会调查体系

1. 明确未成年人刑事案件社会调查报告的法律属性

囿于目前立法规定，直接将社会调查报告定位为法定证据必然是不合适的。但是，不妨碍社会调查职权主体在现有法律框架下从证据的关联性、客观性、合法性角度对报告进行规范和审查，逐步推动社会调查报告证据属性的明确，将社会调查报告作为证据适用就成为当然的选择。

实务中，在刑事诉讼法确定定罪和量刑分离的程序基础上，可以推动社会调查报告作为量刑的证据运用进程，特别在适用缓刑领域发挥出其应有功能。从社会调查本身内容来看，其肯定可以作为法官评价涉罪未成年人主观恶性、人身危险性的依据，也避免了法官

的主观性评价，以客观化内容增加法官的内心确信。在（附条件）不起诉、是否逮捕、羁押必要性审查中，社会调查报告更应当严格规范运用。

具体来说，调查报告的运用主体需严格审查调查报告的关联性、客观性与合法性。关联性更多体现在对于涉罪未成年人品格、人身危险性、悔罪态度、帮教条件的关联度上，即调查内容是否围绕上述事项展开；客观性需要审查报告事项来源是否客观，评估结论是否客观，不带有调查人员的主观评判；合法性集中体现在调查职权主体及执行主体的合法性、调查过程的合法性等方面。

2. 将未成年人刑事案件社会调查设置为必经程序

如果说社会调查报告的法律属性决定了其在实践中的运用及规范性程度，那么在未成年人刑事诉讼程序中，是"应当"还是"可以"进行社会调查报告，直接决定了相关司法机关是否启动、在什么时间点启动的具体操作。

为了充分了解涉罪未成年人全面情况、均衡化保护全部涉罪未成年人的合法权益，应当将"可以"改成"应当"开展社会调查报告，即将未成年人社会调查制度设置为刑事诉讼的必经程序。具体可规定在公安机关刑事立案后、采取强制措施时启动社会调查程序，检察机关受理审查逮捕、审查起诉时同步审查与补充调查，法院受理未成年人刑事案件时全面审查后可进一步补充调查，实现社会调查的早启动、全覆盖、动态完善的"一盘棋"规划。

调研中，J省N市检察院在2016年出台的《检察机关未成年人刑事案件社会调查实施办法》中将"实施犯罪时未满十八周岁的未成年犯罪嫌疑人"规定为应当开展社会调查的情形。实践中，除了6起未成年犯罪嫌疑人犯罪情节、成长经历、犯罪原因、监护教育情况已经同步体现于犯罪事实相关证据材料中的案件，N市检察机关受理的未成年人刑事案件中的社会调查率达98.7%。

3. 构建多元未成年人刑事案件社会调查主体间的协调配合体系

多元化调查主体的存在，就必然存在主体间协同配合问题。在目前法律并没有在公安、检察院、法院间明确社会调查的主导机关的情况下，很多学者担心、确实也在部分地区出现了"三个和尚没水喝"的困境。为有效解决这一问题，一定地区内公、检、法、司之间可以会签文件的形式构建社会调查的协调配合体系，将调查工作贯穿于侦查、审查逮捕（起诉）、法院判决及执行全过程，动态充实调查内容，形成行之有效的有机整体。

调研中，我们发现 J 省 N 市的社会调查工作经过近 10 年的发展，在多元调查主体协调配合方面已经形成一种固有"默契"，尽管不同行政区在发起主体、启动阶段并未完全统一，但整体上已经在公、检、法三家之间形成了检察院主导的社会调查协同配合模式，并以会签文件的形式予以固定，如 X 区公、检、法、司联合会签《关于进一步加强未成年人刑事案件办理的实施办法》，其中设有"社会调查"专门一章予以细化规定，确保未成年人刑事案件在审查起诉环节之前完成社会调查报告，后面诉讼阶段案件承办人根据办案需要，结合社会调查报告内容作相关补充，尚未出现无人启动调查或重复调查现象。

（二）以提高报告质量为核心设置专业性未成年人刑事案件社会调查制度

1. 统一未成年人刑事案件社会调查执行主体资质要求

第一，建立委托专业机构调查的模式。尽管法律和实务都是规定公安、检察院、法院可以自行调查，也可以委托专业机构进行调查。但是，社会调查的本质决定了调查主体应当具备心理学、社会学、教育学等综合知识背景，公安、检察院、法院的工作人员在其自身业务压力之下，很难再具备综合知识储备。因此，我们认为专业的问题委托给专业的机构进行，不仅能够提高社会调查的质量，也有助于提升调查报告的中立性与可信度,更加符合社会调查的本质。

第二,明确调查执行主体资质。N市地处我国东南沿海地区,社会化力量经过近10年的接续发展,已初成气候,从事司法社会调查的专业调查人员队伍也逐步形成。目前,N市接受委托的社会组织系在民政部门登记的民间非正式组织,具体的要求体现在六个方面:(1)独立的法人资格;(2)与案件无利害关系;(3)严格健全的资料保密制度;(4)完备规范的社会调查规章制度;(5)未出具过虚假材料;(6)由两名及以上社工共同开展调查工作。

第三,建立独立社会调查员模式。在社会组织发展不完善的地区,也可以采用调查职权主体内部设置独立调查员的模式。公安、检察院、法院单独或联合招聘拥有专业背景、调查经验的社会调查员专业化开展社会调查工作,并严格独立于办案人员。如果在调查过程中遇到更加专业的要求和技术支持,可聘请特殊调查员予以配合,如心理专家的支持和配合,形成稳定、专业的调查团队。

第四,形成社会调查培训和考核机制。调查职权主体应当建立完善的调查考核评价与培训系统。一方面,通过科学、完善的考核评价机制劣汰,促进专业性强的调查执行主体开展更多的社会调查案例;另一方面,结合实践需求定期开展专业化的涉罪未成年人社会调查专题培训,可与区域内大学社会工作系开展合作、研究,借助专业力量提升调查执行主体的专业度。

2. 完善未成年人刑事案件社会调查程序设计

实践中,调查的过程具有一定的任意性。尽管调查的过程必然具有一定的灵活性,调查的方式也多种多样,但是仍应当在一定程度上予以规范,如调查内容及调查方式的选择、调查过程的保密性、调查报告的审查等,都必须在规范的程序内进行。

第一,科学设计调查内容与方式。设置了专门的社会调查操作手册,手册在选取标准化内容因素时集思广益,尽可能全面地覆盖变化多端的案件类型与情况各异的涉罪未成年人;在每一项内容下方,同时列明可以采用的调查方式以及调查重点，规范调查方式。同时，在推广使用的过程中也不断征集调查员意见，动态完善操作手册内容。

第二，针对不同调查内容选择合适调查方式。一是调查方式的选择，应围绕调查内容与调查目的，在对涉罪未成年人有一定了解的基础上，经两个调查员讨论、协商后确定。二是保障调查员的履职权利。调查职权部门应当通过制定规范性文件或会签文件的形式来保障调查员能够采用多种方式开展调查工作，包括阅卷、调取档案、访谈等方式，规定相关机构或个人应当予以配合或协助的义务。三是建立繁简分流、动态调查机制。繁简分流针对不同案件和涉罪未成年人，运用不同的调查方式，实现针对性调查，节约调查资源。动态调查主要针对在诉讼过程中处于动态发展的调查内容，需要建立跟踪调查模式。

第三，建立调查保密机制。调查的内容、过程、调查材料都严格对外保密，调查员在展开社会调查前都应当与调查职权部门签署保密协议，违法协议的一律清除出调查员库。

第四，严格规范调查审查模式。需要对社会调查从实体和程序两方面予以严格审查。从实体方面来看，需要对社会调查的内容全面性、材料来源、内在逻辑性一一审核，如存在疑问，可通过与调查人员核实、调取调查原始资料、重点走访等方式予以核查；从程序方面来说，需要核实调查人员的资质、调查程序合法性及合理性、报告撰写的中立性等方面予以核查。

3. 重视风险需求评估

从社会调查制度功能定位及目标来看，调查报告的核心应当是风险和需求评估模块。调查过程固然重要，通过合理、专业调查之后呈现的风险与需求评估结论更加具有办案参考意义。

因此，调查报告必须包含涉罪未成年人回归社会不利、有利因素的分析，并明确给出人身危险性及再犯可能性的科学评估。当然，今后可借助大数据、统计学、犯罪学等相关学科知识开发出适合我国未成年人刑事司法体系的涉罪未成年人人身危险性评估量表，①以便得出更加客观、科学的评估结论。

在风险、需求评估的基础上，我们另外需要完善相关配套体系来帮助完成评估后需求的实现。比如，经测评某涉罪未成年人回归社会需求的关键环节在于家庭的科学引导与接纳，则可提供家庭教育指导配套资源予以辅助实现；再如，合适的就业机会系被调查涉罪未成年人目前的强项需求，则应当有配套的就业指导与培训机构对应实现其回归需求。

4. 设置规范性的未成年人刑事案件社会调查范式

在遵循上述主体、程序和风险评估需求的基础上，统一未成年人刑事案件社会调查范式，从调查的目标功能出发明确整个调查的逻辑和格式。

具体来说，可从描述、解释、预测、控制四个功能维度展开设计调查的主体部分。第一个功能是描述，通过了解涉案未成年人的相关信息，具象化、立体的描述未成年人的家庭、学习、社交、个性等情况，使参考、使用报告的人员能全面地了解涉案未成年人成长、发展史；第二个功能是解释，结合收集、验证的涉案未成年人的信息，从本次案件发生的家庭、性格、人际、突发事件等情况进行主客观解释，使参考、使用报告的人员能了解案件成因；第三个功能是预测，结合涉案未成年人的信息和案件成因，预测再犯的可能性、帮教、刑罚对其影响；第四个功能是控制，通过心理干预、家庭教育指导、考察帮教、就业指导、专门学校行为规范等方式控制涉案未成年人减少不良环境因素影响，增加良性行为模式频率，引导向期望目标方向发展。

同时，应当将上述描述、解释、预测、控制四个功能体现在社会

---

① 陈乔乔、江勇：《涉罪未成年人案件社会调查的完善进路》，载《人民检察》2020年第16期。

调查报告主体的被调查人基本信息、犯罪原因分析、回归社会综合性评估意见、进一步处理意见四大部分中，形成完整的调查范式。

（三）以犯罪预防为中心强化未成年人刑事案件社会调查报告实质化运用

实践中，受调查报告质量、法律规定及办案人员理念等因素所限，社会调查报告的运用仍浮于其表。对此，我们应更多地关注社会调查报告在司法处遇过程中真正影响了什么。

1."宽严相济"——适当引入羁押强制性措施

刑法对未成年人犯罪已经规定了从宽规定，刑事诉讼法重点在于保障涉罪未成年人的诉讼权益。社会调查的本质在于让每一位涉罪未成年人得到个别化处遇，更好地回归社会。在这里，个别化处遇措施绝对不排斥必要的羁押性强制措施。

近年来，未成年人刑事案件的办案理念逐步得到认可，在案件处理过程中承办人不仅关注犯罪事实，还会聚焦涉罪未成年人本身及其成长经历、生活环境等因素。这绝对不意味着一味的"从宽"，根据调查结果作出一个最适合被调查人的处遇措施才是社会调查制度的应有之义。因此，在社会调查报告实质化运用的道路上，除了技术上需要提供出一份科学、合理的调查报告之外，司法工作人员适用调查报告的理念同样重要，社会调查的本质与少年司法的本质应当保持一致，是"宽严相济"而绝非"一味从宽"。

2. 提高辩护人参与未成年人刑事案件社会调查的积极性

调查报告的实质化运用，不仅仅需要公、检、法三家调查职权主体的重视与协调，同样需要辩护人积极参与到调查程序中来。辩护人在诉讼程序中，必须从最有利于涉罪未成年人的角度出发展开各项诉讼活动。作为未成年人利益的天然代表，辩护人必然更加关注社会调查制度在诉讼程序对涉罪未成年人各方面权益的影响。另外，辩护人作为与涉罪未成年人及其家属接触最为频繁的诉讼参与人，也更容易获取更加真实、客观、全面的调查信息。

因此，实践中应当通过设置律师知悉程序、畅通调查渠道、增加法庭质证环节等程序性的规范来提高辩护人参与社会调查的积极性，充分发挥律师在社会调查程序中的作用。具体来说，可规定在法定三大调查职权主体启动调查程序后，应当与 3 日之内告知辩护律师，并告知其同样具有开展社会调查的权益；畅通辩护人开展调查渠道，并为其开展调查提供一定的便利条件，以便获取更全面的社会调查报告。同时，建议增加社会调查报告法庭质证环节，对于有争议的调查报告或者其中部分有争议的内容，可设置听证程序，以程序的合法性促进实体的合法性。

3. 构建异地未成年人刑事案件社会调查协作机制

针对实务中犯罪地（案件办理地）与户籍地、经常居住地不一致的涉罪未成年人社会调查难的问题，建议在全国范围内积极构建异地调查协作机制。这里又需要考虑涉罪未成年人户籍地是否与经常居住地一致的问题，两者不一致的，首先需要以居住时间为基础解决与何地机关协作的问题。对于居住地和户籍地不一致的情况，我们认为以实际居住地调查为原则。办理居住证的，以居住地为调查地；如尚未办理居住证的，建议放宽对稳定居所的要求，没有居住证等材料，可考虑参考租赁合同、物业证明、社保缴纳记录等其他材料，判断其实际居住地。

目前，实务中存在的未成年人异地社会调查探索，大多是委托户籍地司法行政机关的社区矫正机构开展调查。这种模式初步解决了异地调查需求，但也出现调查形式化、简单化等诸多问题，调查职权主体与报告运用主体对调查信息和结论的审核也存在一定障碍。

结合未成年人刑事案件社会调查工作专业化开展的趋势，异地调查协作的基本框架应当定位于全国司法机关共同搭建调查信息网络共享平台，该平台主要功能系同步录入或调取涉罪未成年人个人及家庭的基本信息、升学、就业、涉案情况等客观信息，这部分内容对非异地调查的调查执行主体同样开放,以便高效获取客观性信息。另外,可以由调查执行主体上传走访记录、访谈笔录等动态调查信息,最终形成调查报告。上述所有信息最终以人为单位归档,确保"一人一档"。这样,调查职权主体完全可以通过委托户籍地或居住地的专业机构开展调查,并随时可通过该信息平台对其调查过程进行跟踪评估,最终获取有效的调查报告。异地公安、检察院、法院或司法行政机构仅需在客观信息调取与查询权限、社会组织推荐等方面给予协作,无须承担具体的调查工作。

四、结语

自我国加入《联合国少年司法最低限度标准规则》(《北京规则》)以来,未成年人刑事案件社会调查制度通过不断地实践探索和立法完善,已经实现了"从无到有"的制度跨越。近年来,实务界对少年司法理念的认识逐步加深,对涉罪未成年人作宽缓化处理的观念已经被广泛接受,并积极落实"教育、感化、挽救"的案件办理方针。社会调查报告无论是在涉罪未成年人个别化刑事处遇、还是针对性矫治教育方面,都发挥着基础性作用。实践中,立法的不足导致了实践操作的不一,调查的专业化和调查报告的实质化运行方面也存在诸多问题。国外的社会调查制度发展较早,尽管具体的调查模式不一定完全适应我国的司法制度,但在某种程度上对我国社会调查制度的发展具有一定借鉴和参考意义。展望未来我国社会调查制度的发展方向,应当建立全国一盘棋的格局,形成理念趋同、资源整合、分工明确的一体化调查机制,以解决制度在各地区甚至不同案件间运用不均衡的问题。具体的调查过程必须坚持走专业化道路,保证调查报告的质量与实质化运用效果,同时应当健全配套机制,将基于报告提出矫治需求落到实处,真正实现制度应有价值。

"督促监护令"制度实践理性及创新路径研究

李 琦*

一、"督促监护令"制度之实践探索

为督促监护人切实履行监护职责，充分发挥家庭监护在预防未成年人违法犯罪中的重要作用，福州市检察院于2019年11月率先探索实行"督促监护令"制度。将拟作不批捕、不起诉、附条件不起诉等涉及未成年人的案件和未达刑事责任年龄的未成年人纳入督促监护令的范围，由承办检察官会同专业司法社工、法律专家学者等制订个性化考察方案，联合学校、村（社区）、派出所、社工等有关单位和团体，对监护人履行监护情况进行督促、评价和反馈，形成家庭、学校、社会、政府、司法五位一体的督促监护机制。2021年，福州探索"督促监护令"的做法被写入最高人民检察院工作报告中。总结各地的实践探索，最高人民检察院决定自2021年6月1日起在涉未成年人案件办理中全面推行"督促监护令"制度。虽然"督促监护令"制度在检察机关的探索实践下取得一定成效，但仍存在一些问题，亟须在立法层面研究确定督促监护令的监督主体、职责、惩处措施等，确保其得到有效实施。

---

* 李琦，福建省福州市人民检察院第八检察部三级检察官、法学学士、在职法律硕士。

二、检察机关推行"督促监护令"制度的实践理性

（一）国家亲权理论与我国的刑事政策

"国家亲权"理论，是指国家是未成年人的最终监护人和终极保护者。这就意味着当未成年人的父母及监护人不履行或者不适当履行监护职责时，国家可以介入对未成年人的监管，甚至由国家来承担父母亲权的权利和责任。有学者认为，"未成年人犯罪的刑事责任制度的建立就是国家亲权实现的具体体现。当未成年人触犯刑法，国家亲权就要适时地发挥作用，以合理的责任认定、适合的责任实现方式来规范未成年人犯罪"。[1] 也有学者认为我国监护制度分为民事监护和刑事监护，刑事监护和民事监护制度的区别在于民事监护制度属于私权利的范畴，国家原则上不予干预；刑事监护制度体现着国家公权力的干预，即国家基于刑事案件发生以及犯罪预防、保护未成年人的需要，不得已而采取的对民事监护关系的干预。[2]

我国现行的一些制度与国家亲权理论有异曲同工之妙，如未成年人社区矫正制度、附条件不起诉制度、工读学校和收容教养制度等。我国虽然还没有"国家亲权"理论的明确概念和规定，但我国贯彻的"教育、感化、挽救"和"教育为主、惩罚为辅"的未成年人犯罪的刑事政策都属于国家对未成年人监护领域的介入，与国家亲权的基本精神相吻合，对改善原生家庭环境、推动未成年人保护和恢复性司法发挥着重要作用。

（二）践行公益诉讼理念

传统检察视角下，检察官之职责不单在于刑事被告之追诉，也在

---

[1] 周长军、李军海：《论未成年人犯罪的刑事责任——从亲权到"国家亲权"》，载《青少年犯罪问题》2005年第5期。

[2] 参见高维俭：《未成年人刑事监护制度研究》，载《人民检察》2019年第15期。

于"国家权力之双重控制"。① 检察机关作为法律的守护人,应严格遵守合法性及客观性义务,贯彻不枉不纵原则,追求实体真实与实体正义。从现有立法看,《人民检察院组织法》第 2 条②、《民事诉讼法》第 58 条③、《行政诉讼法》第 25 条④等从不同层面都体现了我国目前高度重视检察机关在保护社会公共利益方面的职能,检察机关不仅要代表国家提起公诉,坚持打击犯罪和保障人权并重,对民事、行政和刑事诉讼活动进行监督,同时还担负着提起民事公益诉讼和行政公益诉讼等任务,扮演着"法律守护者"和"公益代表人"的双重角色。

缺乏监护的未成年人本身就属于不特定的群体,当他们的基本权利受到侵害时缺乏自救的能力,保护他们的权益当然属于保护公共利益。有学者将妇女、儿童、老年人和残疾人等弱势群体的利益归结为"须特殊保护界别的利益,此乃公共利益的特殊存在形式,是社会均衡、可持续发展必须加以特别保护的利益"。⑤ 当"督促监护令"进入现代社会的视野且需要有一个强有力的主体作为其代言人之时,赋予作为公共利益代言人的检察机关开展督促监护令活动的资格就水到渠成了。

---

① 林钰雄:《检察官在诉讼法上之任务与义务》,载林钰雄:《检察官论》,法律出版社 2008 年版,第 6—9 页。

② 《人民检察院组织法》第 2 条明确规定"人民检察院是国家的法律监督机关。人民检察院通过行使检察权,追诉犯罪,维护国家安全和社会秩序,维护个人和组织的合法权益,维护国家利益和社会公共利益,保障法律正确实施,维护社会公平正义,维护国家法制统一、尊严和权威,保障中国特色社会主义建设的顺利进行"。

③ 《民事诉讼法》第 58 条规定"人民检察院在履行职责中发现破坏生态环境和资源保护、食品药品安全领域侵害众多消费者合法权益等损害社会公共利益的行为,在没有前款规定的机关和组织或者前款规定的机关和组织不提起诉讼的情况下,可以向人民法院提起诉讼。前款规定的机关或者组织提起诉讼的,人民检察院可以支持起诉"。

④ 《行政诉讼法》第 25 条规定"人民检察院在履行职责中发现生态环境和资源保护、食品药品安全、国有财产保护、国有土地使用权出让等领域负有监督管理职责的行政机关违法行使职权或者不作为,致使国家利益或者社会公共利益受到侵害的,应当向行政机关提出检察建议,督促其依法履行职责。行政机关不依法履行职责的,人民检察院依法向人民法院提起诉讼"。

⑤ 韩波:《公益诉讼制度的力量组合》,载《当代法学》2013 年第 1 期。

（三）联合国《儿童权利公约》和被监护人利益最大化原则

1989年联合国大会通过的《儿童权利公约》正式确定了未成年子女最佳利益原则，也规定了国家和监护人对儿童的健康成长共同承担责任。《儿童权利公约》第3条第1款规定："关于儿童的一切行动，不论是由公私社会福利机构、法院、行政当局或立法机构执行，均应以儿童的最大利益为一种首要考虑。"① 《儿童权利公约》第19条要求缔约国应当"采取一切适当的立法、行政、社会和教育措施以保护儿童在受父母、法定监护人或其他任何照料儿童的人的照料时，免于遭受任何形式的身心暴力、伤害或侮辱、忽视或疏忽、虐待或剥削，包括性侵犯"。② 我国于1991年加入《儿童权利公约》，《民法典》第35条也明确规定了最有利于被监护人的原则。

现实生活中，监护人不履行或怠于履行监护职责的情况时有发生，尤其对于留守儿童、单亲家庭、外来务工人员子女、残疾智障等特殊群体的未成年人，国家公权力介入监护，能够进行有效的帮扶，由家庭和社会共同做好监护工作，实现被监护人的利益最大化。

（四）现行法律条文的规定

我国现行法律法规对公权介入监护领域也作出了一些规定。民法典有关监护制度的立法，是以家庭监护为基础，社会监护为补充，国家监护为兜底，对我国监护制度作了完善。民法典在监护的每一个环节中均强化了政府的监护职能，使之全程参与，且扮演着"兜底"的角色。例如，《民法典》第32条规定，在没有依法具有监护资格的人情况下，原则上应由民政部门担任监护人，被监护人住所地的居民委员会、村民委员会具备履行监护职责条件的也可以担任。又如，《民法典》第36条第3款规定，监护人实施严重侵害被监护

---

① See Article 3（1）of the United Nations Convention on the Rights of the Child 1989.
② See Article 19（1）of the United Nations Convention on the Rights of the Child 1989.

人合法权益行为的，有关个人或组织可以申请人民法院撤销其监护人资格；有关个人或者组织，未及时向人民法院申请撤销监护人资格的，民政部门应当向人民法院申请。

2020年修订的《未成年人保护法》自2021年6月1日起生效。第118条规定："未成年人的父母或者其他监护人不依法履行监护职责或者侵犯未成年人合法权益的，由其居住地的居民委员会、村民委员会予以劝诫、制止；情节严重的，居民委员会、村民委员会应当及时向公安机关报告。公安机关接到报告或者公安机关、人民检察院、人民法院在办理案件过程中发现未成年人的父母或者其他监护人存在上述情形的，应当予以训诫，并可以责令其接受家庭教育指导。"2020年修订的《预防未成年人犯罪法》自2021年6月1日起生效。第61条规定："公安机关、人民检察院、人民法院在办理案件过程中发现实施严重不良行为的未成年人的父母或者其他监护人不依法履行监护职责的，应当予以训诫，并可以责令其接受家庭教育指导。"最高人民法院、最高人民检察院、公安部、民政部《关于依法处理监护人侵害未成年人权益行为若干问题的意见》第9条规定，"监护人的监护侵害行为构成违反治安管理行为的，公安机关应当依法给予治安管理处罚……构成犯罪的，依法追究刑事责任"。这些法律法规在一定程度上强化了政府的监护职能，为公权力介入监护领域提供了法律依据。

三、检察机关"督促监护令"司法实践中存在的问题

（一）职能部门间配合程度不够

"督促监护令"虽多为检察机关制发，但都需要联合相关职能单位、社会力量等形成工作合力，共同跟踪督促。尽管这种联合监督方式起到了一定效果，但因为目前法律层面上缺乏强制性规定，导致各单位间职责定位不明，更多依靠参与部门的热情和主观能动性，

一旦松懈下来，最终很可能演变成检察机关"一头热"的局面。检察机关虽能监督各方履职，但是对履职的内容、方式及效果都无法进行强制性要求。在各方缺乏协作配合的情况下，对"督促监护令"的效果难以掌握。

（二）"督促监护令"跟踪评估体系不健全

"督促监护令"不是一发了之，更重要的是后期的跟踪监督。实践中，有些监护人未完全履行"督促监护令"的内容，主要因为文化水平较低，认识存在偏差；工作、生活等客观因素造成执行不到位；对"督促监护令"存在抵触情绪；对孩子放纵溺爱，执行时避重就轻。由于家庭是隐秘的私域空间，其中外化的问题容易被发现并解决，而内部根源性问题却很难暴露并在短时间内处理。因此，健全发出"督促监护令"之后的监督评估体系便成为检验成效的关键之一。

（三）对监护人的教育方式有待提升

现阶段，检察机关对监护人的教育多以亲职教育课程为主，然传统课程对时间和场所的依赖度较高，部分监护人因忙于生计而无法参与其中，有的甚至应付了之，课程效果有限。当下，社交平台、互联网平台、自媒体已然是人们当下获取信息的热门方式[①]。运用先进的信息传播途径，打破时间和地域的界限，形成对监护人的实时性、常态化跟踪教育，已成为亲职教育发展的必然趋势，也是提升"督促监护令"执行质效必由之路。

（四）"督促监护令"落实效果未达预期

对于有监护能力且有监护意愿的监护人来说，"督促监护令"确

---

① 范君冉：《新时代人们获取信息的途径分析》，载《中国科技博览》2018年第16期。

实能帮助其纠正监护问题。但从司法实践来看,实践中很多父母外出打工,或者本身存在身心方面的健康障碍,将子女交由年迈的老人照料。这种情况下,虽然孩子在生活上有保障,但在学习和监护教育上往往有心无力。即使发出有针对性、可行性的"督促监护令",但由于客观上监护人缺乏监护能力,"督促监护令"的效果也难以实现。因此,只有增强孩子"生活圈"附近的管教氛围,才能真正达到"对症下药"的效果。

四、创新"督促监护令"制度的实践路径

(一)完善职能部门间联动协作机制

保护未成年人权益是一个系统工程,少年司法最核心的特征就是多部门的、多元化的联动和协作,各种资源的合力才能实现对未成年人的有效保护[①]。推动少年警务专业化队伍建设,公安机关应及时整理罪错未成年人的基本信息及数据,对存在监护问题的要及时开展家庭成长环境的社会调查,定期向检察院、法院、司法行政机关通报。检察机关应积极发挥监督作用,对涉及未成年人案件的行政处罚和刑事立案情况及时掌握,对于未达刑责的未成年人可以联合公安机关进行关卡前置的预防教育,比如,在一站式办案点内观看法治教育宣传片、案例警示灯,以提升未成年人的法治意识。法院应对判处管制、宣告缓刑、裁定假释及被决定暂予监外执行的涉罪未成年人信息进行分类收集,为判后持续督促监护人履责提供条件。司法行政部门负责收集纳入社区矫正未成年人的信息。公检法司各司其责,分类矫治,一是可依法对涉案未成年人及其家长进行训诫。二是可加强与教育部门联络,由教育部门引导学校,在校内组成由德育校领导、班主任、学生干部组成的帮教小组跟踪涉案未成年人

---

① 宋英辉:《推动强制亲职教育的专业化与社会化》,载《人民检察》2017年第22期。

在校内的矫治情况。三是对于有专门学校的地区可探索"以教带刑"的方式，尤其是未达刑事责任年龄的未成年人送至专门学校进行行为矫治。

（二）优化"督促监护令"执行情况监督机制

由于家庭是相对隐秘的私域空间，对"督促监护令"执行情况的跟踪监督存在一定的难度。因此，如何对被监督人的履职情况进行监督，便成为考察"督促监护令"成效的关键之一。一是针对监护人对"督促监护令"执行不到位的情况。此类监护人属于"心有余而力不足"型，可以聘请家庭教育专家介入，根据前期督促过程中发现及反馈的问题，加强对监护人的亲职教育指导，为他们提供教育知识、教育方法。如有些未成年人因前期长时间与监护人沟通不畅或拒绝与监护人沟通，在对监护人开展亲职教育的同时，可以对未成年人进行同步帮教，针对未成年人成长特征，科学设置"前、中、末三期"评估阶段及对应的评估标准和内容，由帮教考察组成员单位定期对帮教活动记录、行为矫正回归轨迹及评估结果进行动态性跟踪测评，双管齐下破解"督促监护令"执行不到位的难题。二是针对监护人对"督促监护令"不愿意执行的情况。此类监护人属于"行有余力而不为"型。对于此类监护人，可根据执行情况、执行态度等，综合运用劝诫、批评训诫、强制亲职教育、行政处罚、追究刑事责任5种手段进行监督。对于首次发生未完全执行"督促监护令"，且未导致严重后果的监护人，可根据未成年人保护法规定，由监护人所在单位、居委会、村委会依法予以劝诫、制止，并由居委会、村委会及社工进行跟踪督促后续执行情况；经过劝诫、制止后仍不执行的，公安机关可以依法对其进行训诫教育。同时，检察机关可以在督促监护人履职过程中，陈述加强监护的重要性，并告知不履行"督促监护令"所要承担的法律后果。如果监护人仍不执行"督促监护令"，且导致未成年人权益受损或造成未成年人有严重不良行为的，可以建议公安机关对其予以行政处罚，并将监护人的履职情况作为对罪错未成年人作出不批捕、不起诉等轻缓处理的参考依据，在对监护人的履职行为形成震慑效果的基础上，进一步规范未成年人的行为。对于监护人未执行"督促监护令"导致更为严重后果，涉嫌刑事犯罪的，可以依法追究监护人的刑事责任。

（三）打造"智慧未检"多渠道开展亲职教育

强制亲职教育的对象主要是罪错未成年人、未成年被害人的家长，也就是那些没有教育好或没有保护好未成年人的监护人①。近年来，检察机关坚持科技强检战略，在智慧检务建设中聚焦科学化、智能化、人性化，围绕新时代检察事业的发展要求，取得"智慧未检"建设的新突破，也为线上开展亲职教育提供了路径。依托"互联网云平台"将法治教育、家庭教育资料作为督促监护对象线上学习的内容，使督促监护对象能够体验到唾手可得、开放共享的优质教育资源，引导监护人改进监管方式，改善亲子关系，提升督促监护的效果。结合实践情况还可以建立专业网站，纳入智慧未检范围，探索构建"互联网＋督促监护工作"的新模式，推动信息网络技术与督促监护工作的深度融合，从而实现不仅能够单向输出亲职教育资料，而且能够实现网上互动、答疑等形式的双向交流效果，呈现督促监护资源开放、督促模式和督促效果评价智能的特点，便捷社会支持体系参与督促监护工作，随时可以根据需要开展社会调查、性格测试、心理干预、人格甄别和社会观护等工作②，实现在线实时沟通和信息互换，并且与线下的督促监护工作充分结合起来，提升督促监护令机制的质效。

---

① 姚建龙：《完善社会支持体系应思考的三个问题》，载《人民检察》2017年第22期。
② 李璟儒、沈勐儿：《智慧未检体系构建的理论基础与实践展开——以南浔区人民检察院智慧未检工作探索为例》，载《青少年犯罪问题》2019年第5期。

（四）探索以社区服务体系为落实载体

要落实"督促监护令"的效果，就要学会"借力"。我国正在逐步形成以各级政府为主导，多部门、多领域协同配合的家庭教育社区服务体系。"督促监护令"制度可纳入这一体系建设之中，以家长学校为主，社会化培训学校和志愿服务机构为辅，完善"督促监护令"机制落实的载体，实践中可以通过政府购买服务的方式借助社会力量开展督促监护工作。一方面，充分利用社区现有资源。社区是一个区域范围相对小但各项功能相对齐全的单位，这种特征在一定程度上利于督促监护工作的开展，通过疏通教育渠道，协调各方力量，开设社区家长学校、创办社区教育咨询中心、成立家庭教育图书馆等，为家长提供接受亲职教育的机会和场所。另一方面，充分发挥社区网格员的作用。网格员在社区工作中居于特殊地位，其本身就系社区居民，是很好的联系社区居民的纽带，而且往往从事不同的职业，有相当部分网格员有特殊的职业技能。因此，可以综合考虑社区内网格员的本职工作的技能和特点，在社会调查、学习教育、心理疏导和沟通协调等方面协助司法机关的跟踪帮教工作。

性侵未成年人案件"排除合理怀疑"司法适用的理论综述*

孙鹏庆**

性侵未成年人案件中"排除合理怀疑"的司法适用存在较大的理论与实践争议。为供学界与实务界提供研究的基本论域，理论综述性的研究具有一定的价值。以国外与国内二元视角为界分，从而较为全面地呈现该议题的研究框架。在国外研究中，品格证据在性侵未成年人案件中的适用、传闻证据的例外适用、补强规则在性侵未成年人案件中的适用以及被害人出庭作证的程序设计是主要的四大研究领域。通过对性侵未成年被害人案件证据运用现状、性侵未成年人案件证据的收集问题、性侵未成年人案件证据的审查认定、性侵未成年人案件"排除合理怀疑"的司法适用进行介绍，国内的相关研究现状得到初步的展现。未来，期待在此基础上衍生出更多实践价值与理论深度兼具的研究成果，有力促进未成年人司法领域与刑事诉讼基础理论领域的碰撞与融合，反哺我国未成年人法学与未成年人司法的建设。

---

* 本文系国际救助儿童会（英国）北京代表处委托横向项目"儿童友好司法标准研究"（CT－YN－2022－0012）、北京师范大学刑事法律科学研究院2021年度学术型研究生科研基金课题（2021CCLS023）的阶段性研究成果。

** 孙鹏庆，北京师范大学法学院暨刑事法律科学研究院硕士研究生。

一、国外研究综述

事实上，性侵未成年人案件中，如何有效地运用排除合理怀疑标准进行事实认定与法律评价，进而精准治理犯罪和保障无辜之人不受处罚，这不仅仅与排除合理怀疑标准本身有关，更与其相配套的证据规则与制度紧密联系在一起。因此，本部分着重考察了域外针对性侵未成年人案件证据证明方面的相关规则以及研究成果。英美国家在性侵案件中适用的特殊证据规则与程序安排，总体上看降低了该类案件的证明难度，且注重在程序与证据规则的设计中实现被害人性隐私权和被告人辩护权的平衡，大致可以分为四个方面。

第一，品格证据在性侵未成年人案件中的适用，包括被害人与被告人品格证据的采信规则。以美国为例，美国联邦证据规则第412—414条对性侵案件适用品格证据进行了特殊规定，有针对被告人品格证据的适用规则，也有针对被害人品格证据的一般规定与例外适用。当被告人过去类似行为与本指控犯罪具有一定程度的相似性时，可用作定罪证据，即在性侵儿童案件中被告品格证据具有一定可采性，并且第403条还规定了对被告人品格证据采纳之前的平衡审查。同时，出于对被害人性隐私权的保护，一般性地禁止使用被害人的性经历证据。在英国，两个判例阐释了被告人不良品格证据适用的条件与标准。在成文法上，相较于判例法，英国2003年的《刑事审判法》对相似事实证据的认定确立了更为宽松的标准，即相似事实证据只要与当前指控的罪行类型相同即可。同时，对被告方提出被害人性品格方面的证据进行了严格的限制。

第二，传闻证据的例外适用。性侵未成年人犯罪案件中，由于未成年儿童年少的原因，在他们受到性侵之后，他们第一时间想到的是跟父母、身边的熟人或者医生诉说事情的来龙去脉，往往这些庭外的陈述通常是被看作不可靠的传闻证据，但是在美国却存在传闻证据的例外，儿童的庭外陈述能够作为传闻证据规则的例外主要体现在四个方面：亢奋的陈述或自发的声明、为医学方面的诊断和治疗所作的陈述、其他陈述的例外。在性侵未成年人案件中，在只有未成年被害人这一直接证据时，利用行为证据和传闻证据的例外是美国法院用来证明案件事实的主要方法。所谓的行为证据主要是指创伤后应激障碍和儿童性虐待住所综合征（CSAAS）。① 在密苏里州，虽然性侵害案件的儿童受害人在生理心理方面可以作证人，但是如果法庭认为在刑事诉讼过程中，在被告人面前作证会给儿童受害人的精神或者心理造成严重的创伤，法庭可以将儿童在法庭外的陈述认定为证据。②《1990年儿童受害人和儿童证人保护法案》确保了儿童在法庭上通过闭路电视现场作证的权利。专家证言为儿童采取这种方式作证提供了基础的依据。因为儿童证人在法庭上作证时，在被告人面前，可能会由于强烈的恐惧或者创伤而无法作证或者合理表达语言，而不仅仅是由于对法庭的恐惧。这个法案是将最高法院对里兰州诉克雷格案的判决编纂成了法典。③

第三，补强规则在性侵未成年人案件中的适用。对性侵案件中的被害人以及未成年人证言的采信，废除了强制补强规则，以裁量性警告作为替代措施。同时，在对被害人证言进行审查时，不同于我国对印证证据的严格要求，由于案件普遍存在证据短缺的现象，英美法系对用来补强的证据范围限制较少，对单个证据审查的途径更加多元。除此之外，还将被害人受侵害后的症状、询问程序与方法的研究成果应用到刑事诉讼中，拓宽了被害人陈述真实性的查证

---

① 参见 Melvin、Huang Vishnu：《美国儿童性侵害案件指南》，韩晶晶译．载 https：//chinachild. org．，其中创伤后应激障碍主要是指未成年被害人在遭受性侵之后表现出做噩梦、难以集中注意力、对男性过分恐惧、在学校丧失活动兴趣等行为特征。CSAAS 是罗兰萨米特博士在1983年提出的用来解释儿童在遭受性侵害的一些反应，通常表现为五种：1. 因受到威胁对性侵害行为进行保密；2. 感到无助；3. 受到诱惑，无法逃避继续发生的侵害而迁就；4. 延迟揭露侵害行为；5. 若揭露的事实可能破坏家庭结构时，会撤回自己的控诉来维持家庭秩序。
② 密苏里州 § 491.075（2）（c）（Vernon200 年 6 月 24 日通过）。
③ 美国联邦法典第18章第3509条第2款。马里兰州苏克雷格的案件，497 U. S. 836，855 – 56（1990）。此外，少数国家允许在不交叉询问的情况下，对儿童的访谈录像在法庭上使用。如 Kan. Stat. § 22 – 3433（a）（Westlaw 2007）。

途径。

第四，被害人出庭作证的程序设计。为了保护年幼被害人尽量免受诉讼程序带来的伤害，同时还要兼顾对被告人对质权的保障，防止错误认定事实。在英美国家，脆弱证人包括性侵案件中的被害人、未成年人等，因此规定了若干脆弱证人的特殊出庭作证方式以及特殊的质证方式，从质证人员、质证主体、质证内容等方面对被告人的对质权进行了一定的限制。例如，英国《1999年少年司法与刑事证据法》规定，性侵犯罪的被害人在脆弱证人出庭的场合下，可以由专家询问人对证人进行询问，具体不同专业领域中间人的确定要根据脆弱证人的实际情况进行选择。①

综上所述，通过对国外性侵未成年人犯罪案件证据证明领域的研究考察，大致可以浓缩出以下几点结论：第一，基于性侵未成年人案件的特殊性，此类案件往往突破了原有证据规则，设置了例外条款。第二，性侵未成年人案件与儿童作证的表达能力紧密相关，相关规则与研究主要围绕其进行。第三，性侵未成年人案件往往存在较大的证明难度，需要整个证据制度以及相关的具体规则予以倾斜和配合。

二、国内研究综述

事实上，我国学术界还未有人以性侵未成年人案件"排除合理怀疑"的司法适用为题进行研究，笔者无法在中国知网检索到与之直接主题对应的文献。但是，排除合理怀疑标准与证据规则、证明制度等内容紧密联系，因此笔者以"性侵未成年人案件证据证明"为主题进行关键词检索，共得到9篇学术期刊论文，13篇学位论文。又以"性侵未成年人案件证明"进行关键词检索，共得到25篇学术期刊论文，32篇学位论文，3篇会议论文。而这也构成了本文该部

---

① 参见张吉喜：《论脆弱证人作证制度》，载《比较法研究》2016年第3期。

分的文献综述的基本内容。总体而言，在刑事诉讼法学科范围内，关于性侵未成年人案件的证据运用及证明问题的研究成果较少。这一方面体现出该选题的研究还较为初步，隐含较大的理论研究空间，另一方面该部分文献也一定程度为本文研究奠定了基础。后文将主要围绕性侵未成年人案件证据证明，介绍我国就性侵未成年被害人案件证据运用现状、性侵未成年人案件证据收集问题、性侵未成年人案件证据审查认定以及性侵未成年人案件"排除合理怀疑"司法适用四部分的研究情况。

（一）性侵未成年被害人案件证据运用现状

目前性侵未成年人案件存在诸如证据种类单一，以言词证据为主；客观证据缺漏，难以有效印证；一对一证据情形多发等突出难题。造成这些证据难题的原因在于：一方面，性侵未成年人案件本身区别于其他刑事案件，具有被害主体特殊、侵害人多为熟人、侵害行为具有隐蔽性的特点，这是造成该类案件证据难题的内在原因；另一方面，办案机关的取证程序和证明规则不完善，专业化水平有待提升，这些外部因素进一步加剧了性侵未成年人案件的证据运用难题。

具体而言，在性侵儿童犯罪中，证据运用存在以下问题：第一，证据提取困难。由于被害人的年龄小、羞耻心以及家长隐瞒等因素，经常出现案件不易被发现、报案迟、证据难以保存的情况，从而造成证据种类和数量少、实物证据灭失，致使侦查机关陷入取证难的困境之中。① 第二，检材提取困难，流转易被污染。通常未成年被害人被性侵之后会首先选择到医院进行检查，医疗机构对检材的提取、保存与司法机关的要求有所不同，可能会使检材受到污染。侦查机

---

① 刘莹、许烨：《性侵未成年人案件的证据运用——以"一站式"取证模式为视角》，载《中国刑警学院学报》2019年第6期；徐剑：《性侵犯罪未成年被害人实证研究——基于北京市未成年人遭受性侵案件的分析》，载《青少年犯罪问题》2015年第4期。

关若直接将流转后的体液作为鉴定的检材使用,会影响鉴定程序的合法性和鉴定结果的真实性。第三,认定性侵证据"一对一"的困局。由于客观证据稀缺或灭失,在性侵未成年人案件中犯罪嫌疑人供述与被害人陈述往往出现"一对一"局面,部分侦查人员往往对性侵案件不熟悉,过分依赖于口供等言词证据,而对客观证据有所忽略,证据收集没有做到全面、客观,一旦遗漏关键性证据,可能会造成后期无法补证、案件事实无法认定的情况。[1] 第四,言词证据稳定性差、准确性低,具有间接性。性侵未成年人案件中言词证据占比大,其中被害人陈述易受外部环境干扰诱导,其记忆、感知和表达能力相对较弱,陈述准确性往往存在疑问;[2] 犯罪嫌疑人供述和辩解具有复杂性和反复性;证人证言内容多表现为间接性。因此,性侵害未成年人案件中,案件证据类型特定决定了被害人陈述是核心证据,被害人对具体作案过程的陈述能够与在案被告人供述等印证,即可发挥核心证据作用。[3]

(二)性侵未成年人案件证据收集问题

所谓性侵未成年人案件证据收集程序,主要指在侦查阶段、审查起诉阶段,侦查人员以及检察官如何收集性侵未成年人案件的证据。目前,相关的研究主要聚焦在对未成年被害人的询问,未成年被害人陈述的收集,性侵未成年人案件"一站式"询问机制等方面。

首先,关于取证的范围问题,有实务人员指出,性侵未成年人案件的取证主要包括,及时立案的问题、类型化侦查的问题、性侵害未成年人案件侦查中各种检查的问题、电子数据调取的及时性、询问未成年被害人的问题、讯问犯罪嫌疑人过程中存在的问题、检察

---

[1] 向燕:《论性侵儿童案件的精密办案模式》,载《中国刑事法杂志》2020年第2期。
[2] 胡志强:《性侵害犯罪公诉办案证据适用指南》,中国检察出版社2015年版,第7页。
[3] 王嘉懿:《浅析性侵案件中对未成年被害人询问工作的功能定位与发展问题》,载《预防青少年犯罪研究》2018年第4期。

机关提前介入侦查等内容。① 其次，关于性侵未成年人案件"一站式"询问机制，有学者建议，建立规范的"一站式"、人性化证据收集机制。并从侦查机关强化线索发现、检察机关介入侦查机制、一站式办案区的设置、"一次询问"原则以及医疗机构与一站式办案中心的联动机制等方面提出了要求。② 更有实务人士提出了一站式询问的具体流程，即检察机关提前介入并引导侦查，将被害人带至"一站式"取证场所，对被害人进行人身检查、伤情检查，对被害人进行询问，强化实物证据的收集，规范言词证据的收集，重视品格证据的收集，③ 依托"一站式"询问机制，能够及时固定儿童言词证据，避免对儿童重复询问、诱导性询问以保障儿童言词证据的真实性。④ 有学者建议建立多部门、跨专业的合作询问模式和询问前后的双会商机制。⑤ 有学者借助系统权变理论，从案件信息输入、内部关系协调、证据信息输出三方面，对"一站式"取证进行规范化设计。⑥ "一站式"询问机制下，也产生了有学者所指出的性侵未成年人犯罪案件办理的新型侦诉关系。⑦ 有学者指出这种关系的具体运作，应在检察引导侦查模式下明确"提出要求"和"临场监督"等具体内容。这样才能更好实现保护性侵害未成年被害人与保证侦查

---

① 张寒玉、王英：《办理性侵未成年人犯罪案件证据指引》，载《青少年犯罪问题》2019年第4期。
② 屈绳忠、陈文武：《性侵未成年人犯罪的惩防之策》，载《人民检察》2022年第S1期。
③ 刘莹、许烨：《性侵未成年人案件的证据运用——以"一站式"取证模式为视角》，载《中国刑警学院学报》2019年第6期。
④ 张鸿巍、于天姿：《论"猥亵儿童罪"认定中儿童言词证据适用困境及出路》，载《中国青年社会科学》2021年第3期。
⑤ 王嘉懿：《浅析性侵案件中对未成年被害人询问工作的功能定位与发展问题》，载《预防青少年犯罪研究》2018年第4期。
⑥ 苏菡乔、韩潇：《系统权变视域下性侵犯罪未成年被害人"一站式"取证的规范形塑》，载《北京警察学院学报》2023年第1期。
⑦ 郑蕾、施倩：《解析性侵未成年人犯罪案件证据审查——以浙江省杭州市172起案件为样本》，载《人民检察》2017年第8期。

取证质量两方面平衡。① 此外，有学者该建议吸纳专业司法社工和临床心理学人员，提高被害人陈述的可信度，并对性侵未成年人案件的所有讯问、询问情况进行全程同步录音录像。② 更有学者指出，应在询问环节引入专家辅助人制度、允许专家辅助人意见进入质证环节。③ 再次，关于收集证据的种类，有学者建议，侦查机关收集性侵未成年人案件证据应该全面及时，不仅应收集有罪证据，还应收集证明无罪、罪轻的证据。要重视言词证据和物证、书证等实物证据的提取，并对所提取的证据进行及时甄别和检验。增强证据收集的时效性、全面性、合法性，对特定的证据，要及时通过采样封存、法医鉴定检验、同步录音录像等方法固定，防止因重要证据不能及时有效提取而影响对犯罪的认定。④ 最后，关于针对性侵未成年人犯罪嫌疑人的供述获取，实务人员指出，承办人员要在审查逮捕阶段利用审讯策略，获取成年犯罪嫌疑人的自愿供述。⑤

（三）性侵未成年人案件证据审查认定

性侵未成年人案件证明始终是一个难题，限于客观条件被害人陈述往往是关键证据。但由于儿童性侵害案件的特殊性和被害儿童群体的特殊性，询问未成年被害人时面临着儿童认知能力有限、创伤后存在心理障碍、易受暗示性等导致被害人应答能力不足的难题，也存在着诸如询问人员专业能力不足、反复询问容易造成二次伤害、时间跨度导致询问困难等询问障碍；而由于无法明确儿童与成年人

---

① 刘颖琪、袁崇翔：《性侵害未成年人案件一站式询问检警关系探究》，载《四川警察学院学报》2022年第1期。

② 车莲珠、吴萍：《拓宽性侵未成年人案件的办案思路》，载《检察日报》2020年12月31日，第7版。

③ 骆东平、周荣：《性侵害未成年人案件被害人陈述可信度研究》，载《三峡大学学报（人文社会科学版）》2022年第4期。

④ 李丹、王宏、胡舒雯：《性侵未成年人犯罪案件疑难问题研讨会综述》，载《青少年犯罪问题》2014年第6期。

⑤ 张宇、杨淑红、于军：《性侵未成年人案件获取口供审讯策略——以审查逮捕阶段为界》，载《上海公安高等专科学校学报》2018年第2期。

之间的区别，询问人员往往将询问成年证人的方式适用于儿童，甚或利用儿童对警察权威的服从意识，有意扭曲儿童证人的记忆，以获取符合其需要的证人证言。① 鉴于此，后文主要围绕被害人陈述证据的审查判断方面进行综述。

1. 被害人陈述审查判断原则

在审查判断时应遵循以下原则：一是注重细节审查原则，审查被害人对细节的陈述，查明其对非亲历不可知情况的陈述是否真实，对客观环境的描述是否与现场相一致，对案件经过的陈述是否与其他在案证据相一致，印证其陈述的真实性。二是综合审查原则，又称"综合印证法"，即将设计对案件事实有关的证据进行综合分析、判断，以认定各证据之间是否相互印证、协调一致的审查判断证据的方法。其主要有以下两个方面：一是对被害人所处年龄阶段孩子普遍表达能力和认知能力有客观的判断，同时根据与被害人的阶层或观看被害人询问录像、审查被害人询问笔录等方式，确认被害人心智发育程度、表达能力等是否能够达到清晰表达自己所感知事实的程度，如果能够达到上述标准，则可初步认定被害人陈述的可信性较高。二是运用综合审查方式，判断被害人陈述中所提及的相关内容能否与在案其他证据相互印证，如果无印证，则该份孤证不能作为认定案件事实的依据，如果印证，即使在被告人不认罪的情况下，已然可以据此认定犯罪事实。②

2. 被害人陈述审查判断的内容

在性侵未成年人案件中，未成年人特别是幼儿对事情经过的陈述是否符合其年龄特点、认知水平和表达能力是判断的核心，只要被害人的基本情况是其有能力认知和表达，并且是经过合法程序收集

---

① 吴燕、刘涛：《儿童性侵害案件中被害人询问难点及对策》，载《广西警察学院学报》2018年第6期；陈晓云：《儿童权威认知与警察询问研究综述》，载《福建公安高等专科学校学报》2004年第6期。

② 参见岳慧青：《性侵害未成年人案件证据的运用》，法律出版社2018年版，第208—216页。

的，应当认定其陈述具有证据资格和证明力。关于性侵未成年被害人陈述的审查判断内容，有学者结合心理学指出，法院在决定是否采信儿童证词之前，应当根据该证人陈述的时间、细节及心理状况而定。① 有学者提出，未成年人案件的转述证言可用于证明犯罪事实、案发自然等，一定条件下被告人过去的类似性侵行为也可用作定罪证据，同时未成年被害人的性经历证据在例外情形下也可使用。关于被害人陈述的审查判断，性侵成年人案件通常强调审查被害人前后陈述是否一致，以及时间、地点等关键细节是否一致，但在性侵未成年人案件中应当放宽上述要求，并对询问儿童的方法和技巧加以改进。在案发迟延的情形下，儿童处女膜完整或不存在伤痕的身体检查证据不应成为定罪的障碍。② 有实务人员进一步提出，对未成年人陈述审查判断，需从被害人陈述内容本身的分析判断，包括陈述显示超过年龄段应有的性知识，对性侵的语言描述符合年龄特点、陈述中包含非亲历不可知的内容，以及还可以从其他方面印证或补强证据作综合判断，如案发前后其他辅助证据的综合分析运用，被害儿童与犯罪嫌疑人之间的联系，案发经过是否自然、延迟报案理由是否合理，犯罪嫌疑人及被害儿童的社会评价，等等。③

3. 被害人陈述审查标准

有学者指出，在性侵未成年人犯罪中，应建立"被害人陈述可信性"的证据审查标准。④ 有学者进一步指出，审查性侵未成年人案件中的被害人陈述是否真实可靠，可以从以下几个方面进行：（1）被害人的主体能力，包括年龄、文化程度、性格、语言表达能力、记忆力、社会阅历等；（2）被害人在陈述案件事实时的心理状态以

---

① 刘磊：《性侵儿童案件儿童证词的证据认定与采信标准——以当代儿童心理科学研究为借鉴》，载《青少年犯罪问题》2019年第4期。
② 向燕：《论性侵未成年人案件的证据运用》，载《青少年犯罪问题》2020年第5期。
③ 郑蕾：《性侵儿童案件被害人陈述的审查判断》，载《中国检察官》2021年第6期。
④ 向燕：《性侵未成年人案件证明疑难问题研究——兼论我国刑事证明模式从印证到多元"求真"的制度转型》，载《法学家》2019年第4期。

及情绪表现；（3）是否符合亲身感知事实的特点，事实表述符合一般事物的发展逻辑；（4）被害人与被告人的利害关系，有无存在挟私报复或者以扩大事实引起重视的情形。①

4. 被害人陈述的审查认定方法

关于性侵未成年人案件被害人陈述的审查判断，有学者从整体考虑，有必要建立一套关于性侵儿童案件间接证据、辅助证据的认定规则。专家证据运用规则、技术手段运用规则、高科技手段运用规则、侦查实验和现场勘查措施运用规则等。② 有学者针对性侵未成年人案件的证据特征，认为有必要构建以未成年被害人陈述作为核心证据的审查模式。在性侵未成年人案件审查中，应对被害人陈述进行双向对比，探索有别于一般刑事案件中的印证证明模式的合理印证证明模式。③ 充分发挥被害人陈述的独立性证据地位，对未成年被害人陈述采取差异化的认定标准，突破言词证据补强规则的局限性，借助陈述有效性分析方法（SVA）审查被害人陈述的有效性。④ 向燕教授进一步指出，应建立"被害人陈述可信性"的证据审查标准，推动我国刑事证明制度从单一的"印证"模式向印证为主体的多元"求真"路径转型。⑤ 放弃依赖核心证据进行积极建构的印证证明方法，依据最佳解释推理理论建立"确定—排除假说"的证明模型，此种证据立足于一般经验法则，也包括符合未成年人年龄阶段和身心特点的特殊经验法则，尤应注意将未成年人的社交弱势地位作为

---

① 南凌志、詹智浩：《性侵儿童犯罪案件的证据审查与判断》，载《人民司法（案例）》2020年第17期。

② 常锋：《儿童证言审查及权利保障制度亟须构建——儿童证言审查与儿童诉讼权利保障研讨会观点综述》，载《人民检察》2019年第14期。

③ 潘凌云、韩雪娇、赵学刚：《合理印证证明模式在性侵未成年人案件中的实践运用》，载《中国检察官》2019年第12期。

④ 参见张晓雨：《性侵案件中未成年被害人陈述的证据认定——以核心证据标准的构建为视角》，载《东南司法评论》2019年第12期。

⑤ 向燕：《性侵未成年人案件证明疑难问题研究——兼论我国刑事证明模式从印证到多元"求真"的制度转型》，载《法学家》2019年第4期。

认定案件事实的背景知识。① 有些学者建议引入经验法则，② 其运用应以对单个证据的资格审查为基础，以证据间的相互印证为前提，一旦存在反证，则经由经验规则得出的结论不成立，还应对其论证过程加以说明。③ 有学者则建议引入相似事实证据，通过"司法解释+办案指引性文件+指导性案例"的方式构建性侵未成年人案件中的相似事实证据规则。④ 有学者从证据补强的角度出发，建议引入佐证补强，通过"庭审实质化"以及"人民陪审员"等机制实现佐证补强。⑤ 有学者则主张，采取相对宽松的印证规则。此外，还应加强对间接证据的收集、审查与认定，从而对受害儿童陈述的证明力予以补强。⑥ 有学者进一步指出，应明确被补强的儿童证言的范围、用以补强儿童证言的证据条件、儿童证言的补强标准以及儿童证言的补强程序。⑦ 在判断儿童被害人陈述可信度时，有学者主张可以引入专家证人/辅助人帮助理解儿童行为和心理特点。⑧ 有学者从证据链角度出发，建议注重客观物证的收集审查、区分不同证言采信标准、在"一对一"情形下以被害人陈述为核心搭建证据链条，强化对下指导，进一步统一证据标准。⑨ 更有学者建议建立健全联席会议

---

① 向燕：《综合型证明模式：性侵未成年人案件的证明逻辑》，载《中国刑事法杂志》2021年第5期。
② 周莹莹：《从印证到经验法则：我国性侵未成年人案件证明难题及破解》，载《当代青年研究》2021年第5期。
③ 李剑军、蔡雪岩、潘莉：《经验规则在证据审查认定中的运用——以一起猥亵儿童案为例》，载《中国检察官》2016年第22期。
④ 曹盛楠：《性侵未成年人案件定罪中相似事实证据的运用》，载《山东青年政治学院学报》2022年第6期。
⑤ 林慧翔：《从印证到佐证：性侵案件证明的困境与出路》，载《宜宾学院学报》2022年第1期。
⑥ 习剑平：《论被性侵留守儿童陈述证明力的提升路径》，载《青少年犯罪问题》2021年第5期。
⑦ 屈玉含：《我国刑事诉讼中儿童证言证明力的补强——以性侵未成年人案件为例》，载《山东青年政治学院学报》2020年第6期。
⑧ 吴慧敏：《性侵儿童案中被害人陈述可信度判断研究》，载《河北法学》2020年第4期。
⑨ 车莲珠、吴萍：《性侵未成年人案件证明问题研究》，载《中国检察官》2020年第2期。

机制、送达机制、跟踪落实机制、考核机制，① 以使得整个证据链条更完整。有学者还建议，确立被告人先前类似行为在定罪中的可采性，引入品格证据。②

5. 未成年被害人出庭作证问题

为保护未成年人身心健康，根据相关规定，未成年被害人（证人）一般不出庭作证，但根据《关于依法惩治性侵害未成年人犯罪的意见》第18条的规定，"人民法院开庭审理性侵害未成年人犯罪案件，未成年被害人、证人确有必要出庭的，应当根据案件情况采取不暴露外貌、真实声音等保护措施。有条件的，可以采取视频等方式播放未成年人的陈述、证言，播放视频亦应采取保护措施"。我国有些地方法院在实践中通过同步视频作证的方式来完成未成年被害人的作证环节。例如，广东佛山中院在充分调研的基础上建成首个同步视频作证室，视频作证室主要供需要采取不公开个人信息和不暴露外貌、真实声音等保护措施的出庭作证人员出庭作证，以及因特殊情况不能到庭的相关人员庭审作证时使用，对上述人员如属需采取保护措施情形的，一律对影像、声音进行技术处理。③ 重庆渝中区出台一项新的规定，未成年被害人确有需要出庭的，采取视频方式参与庭审，并对声音进行处理，确保其外貌和声音不被暴露。④

在性侵案件儿童作证议题方面，我国内地相关学者积极借鉴了香港特区的研究成果。有学者通过介绍香港特区警方处理遭受性侵害的未成年人案件的理念、原则和具体做法，提出了内地在办理性侵案件时要改变重视破案轻未成年人感受的办案理念、设立专门办案

---

① 王曦：《性侵未成年人案件完整证据链的认定——以福建未检部门的落实情况为研究基点》，载《中国检察官》2019年第1期。

② 何挺、李青：《性侵未成年人案件定罪中运用被告人品格证据之思考——以 U. S. v. LeMay 案为例的分析》，载《预防青少年犯罪研究》2020年第1期。

③《广东佛山中院首次利用同步视频作证审理未成年人性侵案被害人不出庭完成作证环节》，载央广网2020年8月24日，https://www.sohu.com/a/201650972_362042。

④《重庆渝中加强对未成年人保护性侵案未成年被害人视频出庭保护隐私》，载《人民法院报》2014年8月18日。

机构、培养专门办案人员等建议。① 有学者综合介绍了国外特殊被害人包括儿童被害人、性侵害被害人的法庭调查及其程序情况，涉及英、美、德、俄、意等多个国家，并在此研究基础上对我国儿童被害人接受交叉询问提出了多条完善建议。② 有学者通过对英国儿童证人制度的立法和现状的介绍和评述，对我国未成年人作证的特殊保护措施提出了四点完善建议：一是为儿童证人提供庭审前的服务保护；二是在儿童作证中采用先进的视听手段；三是在庭审中采取一定的保护措施；四是对于庭外谈话资料的证据能力予以肯定。③ 有学者通过介绍挪威的未成年被害人特殊作证制度的历史沿革和主要内容，对构建我国本土化的未成年被害人作证制度提出了询问场所特殊化、询问人员专业化、确立庭前质证程序的完善建议。④ 有学者则提出了一种新的儿童作证制度，即儿童证人在审判中不出庭作证，由儿童证人主张所支持当事人的对方来选择适格问询员，其根据预先设置的法定程序在审前阶段对儿童证人进行询问。⑤ 更有学者初步对未成年被害人庭外作证的作出设想。⑥

6. 未成年人陈述证据的排除

一般而言，性侵未成年被害人案件中，被害人陈述的排除规则可以参照适用证人证言排除规则。即不能正常感知表达证人证言与意见证言，程序违法强制排除，程序瑕疵裁量排除以及矛盾证言印证

---

① 马忠红：《香港警方办理未成年人遭受性侵害案件的做法及启示》，载《中国青年研究》2006 年第 9 期。

② 欧卫安：《特殊被害人的法庭调查及其程序保护——以比较法为起点》，载《学术论坛》2009 年第 8 期。

③ 何杰：《英国儿童证人制度对我国未成年人作证之借鉴》，载《昆明学院学报》2010 年第 1 期。

④ 杨雯清：《挪威未成年被害人特殊作证制度立法及启示》，载《山东青年政治学院学报》2019 年第 4 期。

⑤ 赵珊珊：《我国刑事诉讼中儿童证人作证模式改革研究》，载《中国政法大学学报》2022 年第 4 期。

⑥ 崔雅琼：《刑事案件中儿童证人庭外作证制度初探》，载《青少年犯罪问题》2018 年第 5 期。

排除。关于这一问题,有学者指出,对使用具有强暗示性询问方法获取的儿童被害人陈述予以排除。① 有学者也指出,对发生变化的被害人陈述审查判断,对于被害人陈述前后矛盾的审查,着重审查矛盾和不一致能否得到合理解释,对变化前后被害人陈述与其他证据存在矛盾进行审查,如果变化的信息内容不能得到印证,则不能确认其证据效力。②

7. 性侵未成年人案件犯罪嫌疑人的证据审查规则

性侵未成年人案件的证据审查,不仅包括被害人陈述的审查判断,犯罪嫌疑人供述与辩解的审查判断也十分重要。有学者指出,性侵未成年人案件犯罪嫌疑人的证据审查应当重视未成年犯罪嫌疑人供述及辩解合法性,③ 以及其是否具有合理性。④ 还有学者提出,被告人虽不供认犯罪事实,但案发过程自然,被害人陈述稳定自然,对于细节的描述符合正常认知、表达能力,结合生活经验对全案证据进行审查,能够形成完整证明体系的,可以认定案件事实。⑤ 有学者建议可以采用推定的方式证明奸淫幼女构成犯罪的主观要件,同时被告人可以提供反证推翻推定维护自身正当权利,⑥ 行为人是否"明知"对方是幼女的证明和被害人对性行为是否愿意的证明同样遵循推定,针对特殊职责人员实施的性侵关键在于"迫使就范"的司法认定。⑦ 并且,有学者提出在性侵案件办案过程中,应一定程度上

---

① 向燕:《论性侵儿童案件中被害人陈述的审查判断》,载《环球法律评论》2018年第6期。
② 参见岳慧青:《性侵害未成年人案件证据的运用》,法律出版社2018年版,第216页。
③ 陈柄臣:《未成年人言词证据在刑事诉讼中的应用研究》,载《青少年犯罪问题》2021年第5期。
④ 李慧怡:《性侵未成年人刑事案件办理中的困境与思路》,载《上海法学研究》2020年第3卷。
⑤ 赵智慧、晋月霞、李翠敏:《办理性侵未成年人抗诉案件的难点与应对——以张某猥亵儿童案为例》,载《中国检察官》2022年第20期。
⑥ 张茜、徐海红:《奸淫幼女罪主观要件的司法实践认定》,载《贵州警察学院学报》2021年第1期。
⑦ 陈邦达:《性侵害未成年人案件之证明难点与破解方法》,载《青少年犯罪问题》2020年第4期。

保障被追诉人对质权。① 性侵未成年人案件很大部分属于对于供证"一对一"的案件，此种案件中，要对犯罪嫌疑人辩解进行全面、深入、细致分析，判断其辩解是否合乎情理、事理和法理，发现其辩解本身以及与其他证据是否存在矛盾之处，对于矛盾部分能否给予合理解释。②

（四）性侵未成年人案件"排除合理怀疑"司法适用

事实上，前述针对性侵未成年人案件被害人陈述的审查方法中，已经包含了"排除合理怀疑"的司法适用部分。即通过设立一定的证据审查认定规则认定事实，从而排除合理怀疑。但是，前述的内容并不清晰，现将"性侵未成年人案件排除合理怀疑的司法适用"的学界代表性研究梳理如下：姚建龙教授指出，儿童证言涉及控辩审三方立场问题，实践中办案人员往往坚持绝对的"排除合理怀疑"的证明标准，内心确信很难形成。应当认识到未成年人案件具有特殊性，不能照搬普通案件的办案标准，应重视办案经验、内心确信以及基于良善的判断等三者的结合。③ 向燕教授认为，应运用辅助证据审查判断性侵案件未成年被害人陈述的真实性，并建立以印证为主、内心确信为辅的事实认定机制。再运用辅助证据对儿童证言予以印证，加强内心确信。④ 其还主张，就证明标准而言，应重新审视"证据相互印证"和"结论唯一性"的证明要求，独立适用契合最佳解释推理的"排除合理怀疑"标准。⑤ 有学者主张应适用言词补强规

---

① 向燕：《论性侵儿童案件的精密办案模式》，载《中国刑事法杂志》2020年第2期。
② 张津、韩哲：《供证"一对一"情形下排除合理怀疑的适用》，载《中国检察官》2016年第24期。
③ 常锋：《儿童证言审查及权利保障制度亟须构建——儿童证言审查与儿童诉讼权利保障研讨会观点综述》，载《人民检察》2019年第14期。
④ 常锋：《儿童证言审查及权利保障制度亟须构建——儿童证言审查与儿童诉讼权利保障研讨会观点综述》，载《人民检察》2019年第14期。
⑤ 向燕：《综合型证明模式：性侵未成年人案件的证明逻辑》，载《中国刑事法杂志》2021年第5期。

则，发挥间接证据的证明功能，形成完整的证据体系，最后在认定性侵未成年人犯罪案件中排除合理怀疑，达到内心确定。① 有学者则建议在审理时应当更加注重对立案程序合理性、言词证据合法性、真实性的审查，并结合经验法则对全案证据进行综合评判。② 有学者主张，在符合未成年人正常逻辑判断推理的情况下，适度运用经验法则，"相互印证"，达到"内心确信"即可。③ 有学者进一步指出，被害人年龄与言词证据证明力不必有明显对等关系，办案人须对审查认定的事实形成内心确信，有足够证据证明主要犯罪事实，仅有被害人陈述及衍生证据，形成内心确信，也可认定被害人陈述有侵害，但说不清具体细节，无客观证据时，犯罪嫌疑人供述详尽，排除非法取证的，可以定罪。④ 在特殊情况下，如笔录系在非法讯问场所运用刑讯逼供的非法手段取得，并非被告人真实意愿的表述，但公诉人可以根据逻辑和经验规则，逐一逐项分析所有证据，补充侦查机关在侦查阶段的瑕疵证据的合理说明，并充分利用侦查人员出庭作证的机会，增强对全案证据的内心确定和综合审查判断，在被害人陈述犯罪事实的基础上，通过传来证据的印证和关联，查清犯罪事实，确认证据优先采信，指控被告人犯罪。⑤ 性侵未成年人案件很大部分属于对于供证"一对一"的案件，此种案件要想排除合理怀疑，一方面，要对犯罪嫌疑人辩解的进行全面、深入、细致分析，判断其辩解是否合乎情理、事理和法理，发现其辩解本身以及与其他证据是否存在矛盾之处，对于矛盾部分能否给予合理解释；另一

---

① 参见潘凌云、韩雪娇、赵学刚：《合理印证证明模式在性侵未成年人案件中的实践运用》，载《中国检察官》2019年第12期。
② 南凌志、詹智浩：《性侵儿童犯罪案件的证据审查与判断》，载《人民司法》2020年第17期。
③ 罗浩：《性侵案件中未成年人保护的实证研究——以J省2014年至2018年性侵未成年人案件为例》，载《江西警察学院学报》2020年第3期。
④ 王琳：《性侵害未成年人案件证据的审查运用》，载《检察调研与指导》2019年第2期。
⑤ 吴晓：《性侵未成年人犯罪案件的证据审查——以张某强奸女儿张某某案为例》，载《中国检察官》2017年第14期。

方面，对于被害人陈述也应当给予同等的重视，审查被害人陈述本身以及与其他证据是否存在矛盾之处，以及矛盾是否能够得以合理解释，唯如此才能确信是否排除合理怀疑。[①]

通过对性侵未成年人案件证据证明的国内研究现状的述评，可以初步得到以下几点启示：第一，性侵未成年人案件证据证明的现实困境客观存在，因而该选题具备充分的研究价值。第二，针对性侵未成年人案件证据证明的研究成果已有相当的基础，但是多数成果缺乏一定的创新，多从证据规则、引入新的证据类型进行事实认定角度出发，并且直接面向"排除合理怀疑"的研究较为缺乏。第三，从整体上看，我国性侵未成年人案件证据证明虽然引进了相关的心理学等学科的内容，但还是缺乏多学科视角的研究成果。第四，性侵未成年人案件证据证明的研究整体聚焦于具体问题的研究，但是从整体的、系统的研究成果较为匮乏。

三、结语

性侵未成年人案件中"排除合理怀疑"标准如何适用，涉及整个证明体系与未成年人司法的核心内容，更是刑事诉讼基础理论与未成年人法学基本原理张力的缩影。从学术脉络梳理的角度，对性侵未成年人案件中"排除合理怀疑"标准的司法适用进行理论意义上的呈现，国外与国内的研究现状被描绘出来。通过文献综述，笔者认为，性侵未成年人案件"排除合理怀疑"标准的司法适用议题可以浓缩出几点启示：第一，把握普遍性与特殊性的关系。"排除合理怀疑"标准在刑事诉讼基础理论的制度框架内，自有其理论体系。但是，在性侵未成年人案件中，建立于成年人司法或称未充分考虑未成年人司法特征的普遍性适用，难以回应特殊的案件需求。因此，

[①] 张津、韩哲：《供证"一对一"情形下排除合理怀疑的适用》，载《中国检察官》2016年第24期。

在性侵未成年人案件中，需要在原有的证据证明制度框架内，彰显未成年人司法的特质，以未成年人司法理念为指引，结合具体的证据证明规则和未成年人案件的特殊规律，回归个案实现个别性处遇，完成普遍性与特殊性的有机统一，将刑事诉讼的基础理论与未成年人司法的基本原理有机结合。例如"合理的怀疑"可以被理解为"未成年人视野中合理的怀疑"，等等。第二，多学科背景的积淀与专门队伍建设。性侵未成年人案件中，司法办案主体的专业素质是必要的，如何推动以多元学科背景知识作为积淀的专门队伍建设，包括专门的司法办案人员与专业的社会支持体系建设，都是值得实践探索与理论研究的重要议题。第三，未成年人检察的能动效能与研究价值。性侵未成年人案件中，检察机关参与的制度与实践空间是巨大的。因此，此类案件中，检察机关的主体作为显得格外重要，其如何指导侦查取证，如何排除合理怀疑进而审查起诉，如何不予起诉，等等，都是值得学界进一步探讨的议题。第四，在可预期的范围内，未成年人法学的研究潜力与研究价值依旧是难以估量的，以理论综述为方法，立足于性侵未成年人案件"排除合理怀疑"司法适用的具体领域，以期推进我国未成年人法学的繁荣和未成年人司法体系的行稳致远。

业务论坛

以被害人陈述为中心构建性侵未成年人案件的证明机制研究

浙江省金华市人民检察院课题组[*]

近年来，性侵未成年人案件高发，但此类案件不同于一般刑事案件，证据上呈现"少实物证据、多言词证据"特征，致使司法实践中常常面临证明困境。虽然司法实践对于未成年被害人的作证能力不持异议，对未成年被害人陈述客观真实性的审查主要依靠通用方法，并重视取证方法的改进和结合品格证据、儿童行为表现等特殊证据多维度综合审查，但以儿童专业知识作为补充来辅助理解儿童陈述及特殊表现的探索仍比较有限，亟待进一步研究深化。本课题以浙江省J市检察机关近3年办理的492件性侵未成年人案件及以被害人陈述为中心构建证据链的探索与实践为蓝本，并结合域外对此类问题的相关规定，对以被害人陈述为中心构建证明体系的证明思路进行理论、现实、对策三个层面的调查研究，探究对司法实践的指引。

---

[*] 课题组成员：钟瑞友，浙江省金华市人民检察院党组书记、检察长；裘菊红，浙江省金华市人民检察院党组副书记、常务副检察长；冯姣，浙江财经大学法学院副教授、硕士生导师；傅燕君，浙江省金华市人民检察院第六检察部主任；蒋玎玎，浙江省金华市人民检察院法律政策研究室副主任；韩霞，浙江省金华市人民检察院第六检察部检察官助理；楼壮丽，浙江省义乌市人民检察院第八检察部副主任。

一、性侵未成年人案件办理的基本情况与证明困境

（一）性侵未成年人案件办理的基本情况

性侵未成年人案件涉案罪名主要包括针对未成年人实施的强奸罪，强制猥亵、侮辱罪，猥亵儿童罪，组织卖淫罪，强迫卖淫罪，引诱、容留、介绍卖淫罪等。① 经对近3年J市检察机关已办结的492件性侵未成年人审查起诉案件进行实证分析，案件呈现如下特点：一是从罪名看，492件案件中，强奸案件共295件，猥亵类案件共197件。案件多发生在熟人之间，占比超过50%。二是从被害人看，不少案件中存在多名被害人，如在王某猥亵案中，涉案男童多达5人，年龄最小的为9岁；从被害人年龄来看，14周岁以下的占大多数。三是从犯罪嫌疑人认罪情况来看，自愿认罪认罚的案件数量为293件，比例不足60%，远低于一般刑事案件中认罪认罚的比例。

（二）性侵未成年人案件办理的证明困境

第一，性侵未成年人案件证据分布呈现"少实物证据、多言词证据"、犯罪嫌疑人供述与被害人陈述"一对一"等特点。在司法实务中，犯罪嫌疑人供述与被害人陈述对是否存在性侵害事实、发生次数、发生过程等各执一词，存在矛盾。言词证据复杂多变，具有天然的脆弱性和主观性，且大量案件发生在培训机构、被害人或者被告人住所等场合。在性侵未成年人案件中，犯罪嫌疑人因具年龄、认知优势，拒不供认或有诸多辩解的占比较大。②

第二，被害人报案不及时现象普遍。一些未成年人尤其是低龄未成年人缺乏性自我保护能力，对性侵行为的性质、后果缺乏认知。因报案不及时，实物证据等相关证据灭失情况加剧，证据更为薄弱。

---

① 本报告从证明角度主要考察强奸罪和猥亵类犯罪。
② 岳慧青主编：《性侵害未成年人案件证据的运用》，法律出版社2018年版，第24页。

研究表明，精液、DNA 或痕迹证据在性侵发生后的短时间内可以找到，但在性侵发生12小时之后，被害人的体内或身体上并不能发现这类证据，它们大多是在床单和衣物上找到的。① 调查数据显示，有的被害人甚至在案发后 9 年才报案。例如，某小学老师于 2007 年 9 月至 2009 年 7 月期间，利用辅导便利，对多名学生进行多次猥亵，一被害人直至上大学后在微信公众号上发送自诉帖而案发。

第三，未成年被害人存在反常的行为反应，需借助专门知识解读。如个别未成年被害人在遭受侵害后仍对犯罪嫌疑人表现出"依恋"，有的被性侵后出现尿床等行为。"在侵害未成年人犯罪案件中，尤其是性侵案件中，熟人作案比例高于陌生人，有些地方甚至有 70%—80% 案件犯罪嫌疑人和被害人是邻居、亲戚、朋友、师生等关系。"② 未成年被害人与犯罪嫌疑人的特殊关系，以及未成年被害人遭受侵害后的反常现象，根据常识和经验法则难以解释，需要借助专门知识或寻求心理专家等帮助解读。相应心理学专业知识的缺乏，致使检察人员在案件办理过程中遭遇瓶颈。

第四，未成年被害人陈述具有自身特殊性。受身心发育水平制约，未成年被害人的陈述可能出现逻辑混乱、前后反复等瑕疵，完整性和稳定性不足；同时，未成年被害人容易被诱导而作出不实陈述，这些因素使得未成年被害人陈述的客观真实性审查更为复杂。

二、以被害人陈述为中心构建证据链的实证考察：以浙江省 J 市检察系统为例

（一）以"一站式"询问机制保障被害人陈述及时有效获取

J 市检察系统自 2016 年试点运行性侵未成年人等案件"一站式"

---

① Lori D. Frasier, Kathi L. Makoroff, Medical Evidence and Expert Testimony in Child Sexual Abuse, Juvenile and Family Court Journal, 57（1）：45, 2006.

② 许雯：《去年至今批捕侵害未成年案 4.42 万人》，载《新京报》2018 年 5 月 30 日。

询问机制，机制内容主要包括：（1）设定专门的询问场所对未成年被害人进行询问，询问场所一般设立在检察机关或者公安机关；（2）性侵未成年人案件由熟悉未成年人身心特点的警务人员办理，以确保案件办理的专业性；（3）实行发案即向检察院告知，检察院即指派未检检察官介入询问、引导取证的检警协同模式；（4）以"一体化"办案模式落实谁介入、谁承办；（5）落实身体检查、物证提取等一次、全面进行，询问过程必须全程录音录像的取证原则；（6）借助社会支持体系跟进法律援助、心理干预、保护救助等措施配套。

从运行效果来看，这一机制保障了未成年被害人陈述获取的合法、及时、全面、有效；检察机关提前介入同步监督，可以有效地防范陈述因证据能力问题"带病入场"，进一步引导取证提升侦查精细度，为案件证明打下基础。此外，因身体检查、物证提取以及询问均一次性完成，可以有效地防止因反复询问给未成年被害人带来的精神伤害。

（二）注重审查案发过程是否真实、自然

在性侵未成年人案件办理过程中，J市检察机关并不简单地以报案不及时否认陈述的客观真实性不足，而是重点审查案发过程是否真实自然，能否合理解释报案不及时。例如，在周某某强奸、猥亵儿童案中，某小学教师利用担任班主任、语文老师的职责之便，多次猥亵班内7名未满14周岁的女生。因慑于被告人特殊身份，该案7名被害女生隐忍数年，直至小学毕业后，才将遭遇先后告知父母而案发。针对周某某所提被害人家长故意报复的辩解，检察机关审查认为本案案发过程自然，无其他介入因素。证人、被害人家长的证言也证实案发前与周某某没有大的矛盾，不可能牺牲孩子的清白来诬告陷害，可排除诬告可能。

（三）注重对被害人陈述客观真实性的精细审查

一是对未成年被害人的陈述本身进行审查。检察机关在办理案件过程中，通常结合未成年被害人年龄状况、认知、记忆和表达能力等身心特点，审查陈述语言表达、前后有无矛盾、能否体现亲历性、是否符合常情常理等内容；有多份陈述的情况下则着重审查陈述之间是否稳定、有无变化。例如，某基层人民检察院在办理的案件中发现，某份未成年被害人陈述中多次出现"阴道"等表述，明显不符合被害人的认知水平；经查，笔录系侦查人员自行转换表述，且未进行同步询问录音录像，检察机关遂对该份陈述予以排除。

二是对比审查被害人陈述与其他证据，审查能否得到印证。检察机关在案件办理中，通常会对被害人陈述的细节进行全面审查，审查陈述细节与在案证据有无明显的矛盾，能否得到印证。例如，在赖某某猥亵儿童案中，6岁被害人陈述其因迷路被赖某某带往住处待了一整晚，赖某某在床上将手伸入其内裤摸了阴部。赖某某辩称被害人拉大便后其曾帮被害人冲洗屁股，但其未接触被害人阴部。检察机关结合案发过程、外阴充血检查结论等，采信了被害人陈述。

三是综合运用品格证据等辅助证据审查被害人陈述的真实性。品格证据虽不能直接印证言词证据，但能够发挥一定的补强作用。例如，在孙某某强奸案中，16岁的被害人陈述其在孙某某经营的公司实习期间，在办公室内遭孙某某强奸。因被害人仅扭动身体，反抗程度弱，且有机会逃离现场而未逃离，难以证实性关系确实违背被害人意志。办案人员多方了解被害人的个性特征，发现被害人性格内向胆小。结合被害人系外省某职校在校生，孙某某系被害人领导的身份，被害人未逃离现场有一定合理性，且案发过程也符合被害人性格特点。检察机关综合分析后认定被害人陈述具有客观真实性。

（四）重视心证，适度放宽印证规则的严苛把握

自由心证原则是指法律对证据的证明力大小和如何运用不作预先规定，而由事实裁判者根据自己的理性和良心对证据的证明价值做

出判断的法律原则。① J 市检察机关在办理性侵未成年人案件中，注重发挥心证的作用，但与此同时探索适度放宽印证规则的严苛性。如在杜某某强奸、猥亵案中，9 岁的被害人指控遭到继父杜某某多次猥亵、一次强奸。一审法院认为被害人陈述其遭强奸部分事实，无证据印证，判决只认定猥亵一罪。检察机关认为，强奸事实虽无物证等客观证据印证，但在案有一份 QQ 聊天记录，证实案发前被害人告诉过母亲自己遭继父强奸、猥亵，该证据虽与被害人陈述系同一来源，但形成于报案前，具有较大证明力。结合案发过程、被害人具备基本性认知、双方关系等全案证据，检察机关认为证实被告人犯强奸罪的证据已达证明标准。该案经抗诉获二审法院改判。

（五）加强证据的全面综合分析

"对证据的综合分析过程是一种思维活动的过程，这其间离不开裁判者个人法律素养、司法实践经验，以及经验法则、逻辑法则等因素。"② 对全案证据综合分析的目标是审查证据是否达到证明标准，形成终结性意见。在性侵未成年人案件中，检察机关必须高度审慎，以避免得出截然相反的结论。

三、以被害人陈述为中心构建证据链的困境与问题审视

（一）"一站式"询问机制运行存在不足

一是专业警务人员配备不足。目前很多猥亵案件由派出所办理，致使一些案件因办案人员不够专业出现取证质量不高的问题，例如，询问未同步录音录像、询问不全面、询问未忠于原话记录等。

二是集中取证与及时取证原则存在矛盾。物证的提取、询问的进行均有及时性要求。在路途较远的情况下，侦查人员将被害人及其

---

① 李浩主编：《证据法学》，高等教育出版社 2017 年版，第 99 页。
② 李勇：《刑事证据审查三步法则》，法律出版社 2017 年版，第 297 页。

家属等人带往办案场所取证，客观上会对办案效率和取证效果造成影响，有的在长时间的奔波和等待过程中，存在客观性证据灭失的现实危险。

三是在大量案件中客观上无法实现一次取证。从认识论的角度来看，在案发初期，司法人员对案件事实的了解程度较为有限，询问问题相对较为表面；而后随着对案件事实认识的不断推进，一些案件客观上需要进行"二次询问"和补充询问。在实践中，一次取证的案件大多集中于犯罪嫌疑人认罪态度好，未成年被害人年龄相对较大且能清晰表述的案件。

（二）公、检、法证据审查标准存在不统一

从我国现有刑事诉讼法的规定来看，刑事案件的证明需要达到"案件事实清楚，证据确实、充分"的标准。从实证考察来看，公、检、法之间对性侵未成年人案件的证据审查标准存在不统一，在被害人陈述的审查判断、证据之间印证把握等方面常有争论。法院作为最终的裁判者，对于性侵未成年人案件的证明，仍然倾向于采用与一般刑事案件类似的证明标准，整体立场较为保守；公安机关和检察机关则采取较为激进的立场，认为基于性侵未成年人案件的特殊性，应当构建此类案件特殊的证明机制。

（三）品格证据的适用缺乏直接的法律依据

从我国现有立法来看，法条层面并未明确规定品格证据的适用问题。在司法实践中，虽然在性侵未成年人案件办理过程中，司法办案人员会收集不少犯罪嫌疑人的性侵行为前科和被害人的一贯表现；法官在判决时亦会将其作为重要参考，但判决书中不会出现品格证据的相关表述。如在某性侵案件办理中，检察机关调取了犯罪嫌疑人之前因猥亵被行政处罚的记录，调取了犯罪嫌疑人的聊天记录等，了解犯罪嫌疑人有爬窗偷窥的恶习，上述证据均成为法官自由心证的重要依据。在前述的孙某某强奸案中，被害人相对内向和懦弱的性格亦被检察机关作为重要参考，作为认定其"非自愿"的重要依据。由此可见，在性侵未成年人案件中，司法实践对于品格证据的适用存在现实性的需求。但规范层面的缺失，可能导致这一制度的适用存在合法性的质疑。

（四）未成年被害人权益保护易被忽视

刑事诉讼法对未成年犯罪嫌疑人的诉讼权益保护提到了一个新的高度，但是未成年被害人的诉讼权益保护却未受到高度重视。在被害人赔偿请求方面，最高人民法院《关于适用〈中华人民共和国刑事诉讼法〉的解释》（以下简称《最高法解释》）第175条第2款规定，"因受到犯罪侵犯，提起附带民事诉讼或者单独提起民事诉讼要求赔偿精神损失的，人民法院一般不予受理"。未成年人案件，特别是性侵案件可否作为例外情形来解释，尚无法律上的合法依据。

四、以被害人陈述为中心构建证据链办案思路的完善路径

被害人陈述在证明功能上具有直接性、具体性和对侵害行为感受的真切性的特点，这是其他证据无法比拟的。[①] 办理性侵未成年人案件，应构建起以被害人陈述为中心的证据链，着重审查未成年被害人陈述的客观真实性。

（一）进一步完善"一站式"办案取证机制

1. 从宏观层面解决办案理念、场所建设、人员配备、规范指引等问题

检察机关应当进一步发挥主导作用，坚持引导与监督并重，推动侦查机关执行。加强询问、取证、法律援助、心理关护、救助等系

---

① 张建伟：《证据法要义》，北京大学出版社2016年版，第246页。

列工作的规范指引,坚持"合法、及时、全面、有效、专业"的取证原则。在必要时,引入专业工具支持,如智慧辅助系统、心理测评系统等工具,进一步提高证据的准确性。

2. 切实提高证据收集专业化水平

在对未成年被害人询问中,学习借鉴域外询问经验,形成符合年龄特点的询问方案。国外已经有从业者研发了多种专门适用于儿童被害人的询问方法,如英国研究人员研发的 PEACE 询问模式和美国的 NICHD 询问方案等。在我国后续制度完善过程中,可以针对性侵未成年人案件中未成年被害人的询问,出台专门的询问提纲,以进一步提升取证效果,防止因询问不当导致对未成年被害人的二次伤害。

(二)推动公、检、法统一证据标准

推动政法一体化协同。在性侵未成年人案件办理过程中,公、检、法证据标准的不统一,易引发实践中的混乱。一方面,检察机关应当重视检警协作关系建立,提高性侵未成年人案件提前介入率,到场后有效发挥"一站式"取证同步监督作用。另一方面,检察机关应当重视与法院的沟通与交流,对案件事实的疑难争议性问题加强分析论证。从省级层面来看,检察机关、公安机关和法院有必要共同出台"性侵害未成年人案件办理机制""性侵害未成年人案件审查指引"等,推动侦查、审判机关共同研究解决侵害未成年人案件的取证重点难点问题,从而在证据收集、证据标准、证据采信以及法律适用等方面进一步达成共识。

(三)探索品格证据规则在性侵未成年人案件中的适用

1. 在立法层面确立犯罪嫌疑人特定品格证据的适用

从比较法层面来看,《美国联邦证据规则》第 414 条对儿童性侵案件中类似犯罪的适用问题作出了规定。将被告人类似犯罪行为采纳作为证据，无疑将极大地减少犯罪指控的难度，弥补性侵未成年人案件中证据不足的缺陷。在我国后续立法完善过程中，可以探索将被告人先前性侵未成年人的行为作为定案的重要证据，既可以包括被检察机关起诉的案件，也可以包括被告人之前受到行政处罚的案件。从程序层面来看，一方面，若决定运用品格证据，应当给予被告人一定的辩护方面的便利；另一方面，法庭审理应当将品格证据的适用作为法庭调查与法庭辩论的核心内容之一，法官在运用品格证据定罪时还应当加强裁判说理。[①] 基于上述程序性保障的设置，以实现对被告人诉讼权利的保障。

2. 对于未成年被害人品格证据的适用进行限制

在性侵案件中，对被害人先前性行为证据适用的禁止，已经成为不少国家的共识。从目的来看，对其适用的限制是为了"保护强奸被害人的私生活细节不被屈辱和尴尬地披露，鼓励对性侵犯进行报案，防止在分散注意力的附属和不相关事项上浪费时间"。[②] 在性侵未成年人案件办理过程中，出于对未成年人隐私权的保护以及减少对未成年人不必要的偏见，立法层面应当严格限制对未成年人先前性行为证据的使用。但被害人陈述作为法定证据的一种类型，被害人本身的可信性问题仍然可以被质疑。

（四）探索完善配套机制建设

探索未成年被害人出庭机制。2021年《最高法解释》从规定上进一步鼓励证人出庭，但对未成年被害人出庭作证强调了一般不出庭作证的原则，在必须出庭时应当采取保护隐私的技术手段和心理干预等保护措施。[③] 从审判心理学上，控辩双方对对方证人、被害人

[①] 何挺、李青：《性侵未成年人案件定罪中运用被告人品格证据之思考》，载《预防青少年犯罪研究》2020年第1期。

[②] United States v. Torres, 937 F. 2D 1469, 1472 (9th Cir. 1991).

[③] 2021年《最高法解释》第558条规定。

的交叉询问向来被视为揭露伪证、避免误判的重要程序设计。① 在以被害人陈述为中心的证明机制构建中，对被害人陈述真实性的判定显得尤为重要。实践中，未成年被害人出庭情况极少；对必须出庭情况下提请未成年被害人出庭作证，探索出庭技术保护手段、心理干预方案等保护措施的完善健全，具有必要性。

五、以被害人陈述为中心对性侵未成年人案件进行证明的具体规则

（一）实质性证据穷尽原则

1. 客观性证据优先采信规则

一般情况下，强奸案件大多存在人体损伤、DNA 信息、生物痕迹等客观性证据。办案机关应当优先采集客观性证据，加大对客观性证据的收集提取和固定力度，防止客观性证据的污染和灭失。在证据审查判断上，对于言词证据"一对一"难以相互印证等情形，应将客观性证据作为定案的优先依据。

2. 证人证言穷尽调取规则

对于直接证据较少的案件，侦查人员、检察人员要穷尽一切手段，全面提取目击证人证言、获知犯罪事实的其他证人以及外围证人证言，通过完善间接证据锁链，完成对犯罪的指控。特别是对涉及侵害多名未成年人的案件，要注重提取未成年人证人证言，对其中未成年人目击证人证言应当适用与被害人陈述客观采信规则一致的证据标准。在未成年被害人的近亲属作为证人的情况下，在询问未成年被害人时，避免其近亲属在场，防止其证言被污染。

（二）客观的被害人陈述优先采信规则

基于儿童利益最大化原则，在评估被害人具有作证能力且陈述客

---

① 陈瑞华：《刑事证据法》，北京大学出版社 2018 年版，第 69 页。

观的前提下，应当以被害人的陈述作为认定事实的主要依据之一。从比较法的角度来看，英国、美国等国均相继废除了针对儿童证言补强的规则。从理论上来看，即使只有性侵儿童被害人陈述一个孤证，裁判者也可以根据自己的内心确信作出有罪判决。①

实践中，对被害人陈述的客观性，可从以下八个方面重点加以把握。一是审查报案时机，看报案是否及时、自然；二是审查被害人与犯罪嫌疑人的关系，看双方是否存在矛盾或重大利益关系，从而排除诬告可能性；三是审查被害人陈述的内容，看陈述是否具体、完整、清晰；四是审查内知证据，看被害人有无对被侵害过程和结果的细节陈述；五是审查被害人陈述方式，看其所作出的陈述是否与其年龄、语言和记忆特征相符；六是法定代理人或其他知情人报案的情况，看不同证言是否能够相互印证；七是审查被害人心理评估报告，比对心理评估过程中被害人描述的案件情况，作为辅助认定事实的依据；八是审查询问同步录音录像，看被害人陈述时的动作、表情、心态等，判断证言有无矛盾、是否真实客观等。

（三）以被害人陈述为中心构建证据链，运用辅助证据补强证明力

1. 心理鉴定意见辅证规则

心理专家的证言不能作为实质性证据证明性侵犯罪事实，但可以增加未成年人陈述的可信度。② 在司法实践中，可以逐步将心理鉴定意见作为辅助搭建证据链的重要参考或依据，完善侵害未成年人案件的证据形态或证明方式。如法院在案件审理过程中，可以将医院、司法鉴定机构作出的未成年被害人存在应激性相关障碍，且该精神状态与侵害行为存在直接因果关系的鉴定意见，作为认定案件事实

---

① 向燕：《性侵未成年人案件证明疑难问题研究》，载《法学家》2019年第4期。
② Gitlin C, Expert Testimony on Child Sexual Abuse Accommodation Syndrome: How Proper Screening Should Severely Limits Its Admission, QLR, 26（2）：497, 2007.

的重要参考或依托。在控辩双方对鉴定意见存在争议时，可以要求鉴定人出庭，对鉴定意见进行说明。

2. 被告人零口供案件的审查规则

对犯罪嫌疑人始终不供述的零口供案件，要重点审查其辩解是否合理、真实，能否提供证明其辩解的有效线索并经查证属实；辩解内容是否与在案被害人陈述、证人证言或其他客观性证据相印证。对于犯罪嫌疑人推翻原供述的案件，要重点审查其有罪供述的合法性、真实性，在排除以刑讯逼供等非法方法收集证据的前提下，结合全案证据，只要能够与在案其他言词证据、客观性证据相互印证并形成完整证据锁链的，应当优先采信其有罪供述。

3. 品格证据适用规则

将被告人先前类似犯罪行为作为证据，重点审查被告人先前性侵行为与被指控事实行为上的相似性、前后事实中加害人与被害人关系的相似性、先前事实与被指控事实在时间上的接近程度、先前行为的频率等要素。与此同时，为保障被告人的诉讼权利，在庭审过程中将被告人的品格证据作为法庭调查和法庭辩论的内容。此外，未成年被害人先前性行为的证据，严禁在诉讼过程中使用。

4. 近亲属等的证言适用规则

未成年人的近亲属、老师、同学等，可以对未成年被害人在案发前后的表现差异、是否焦虑、紧张等情况进行陈述。上述证言虽非直接衍生于待证事实，但可以尝试探索将未成年人在案发前后表现出的不一致行为，作为其是否遭遇异常事件可能性的重要参照。

（四）对全案证据进行精细、科学的审查与综合分析，确立相对宽松的印证规则

刑事印证证明，是指在刑事诉讼中利用不同证据内含信息的同一

性来证明待证事实,包括信息内容的同一与指向的同一。① 相较于一般刑事案件中的印证,在性侵未成年人案件办理过程中,公安司法机关应当探索确立更为精细化的印证分析方法。

1. 未成年被害人陈述改变的审查规则

未成年被害人陈述的改变,有些是因时间流逝引发的记忆偏差与场景混同,有些则是因为外力的介入,如法定代理人的训斥和教唆等。针对未成年被害人陈述的不稳定,司法办案人员需要重点审查其陈述改变的原因,并以此为基础,对未成年被害人陈述的真实性问题进行综合性评估。

2. 审查证据形成的先后顺序以及不同证据之间的内在关联

在性侵未成年人案件证据的审查过程中,不同证据虽然来源一致,但形成时间不一,故具有不同的证明力。如案发后被害人对其近亲属关于案发过程的陈述,以及未成年被害人在侦查阶段对公安司法机关作出的陈述,虽来源一致,但其对近亲属作出的表述亦可具有独立的证明价值。

3. 对未成年人不容易理解的概念适度放宽印证的要求

基于生理和心理发展水平,未成年人对于时间、空间等的感知具有局限性,且经常因为记忆偏差产生场景混同。"儿童的年龄较小,难以获得全面完整的记忆印象,尤其是低龄儿童,常常因为相关常识和经验的不足,只注意事物的表面特征而忽视本质的、具有决定意义的信息。"② 故此,在对未成年被害人的陈述进行审查时,不得因细节性描述的偏差,从而否认其陈述的真实性和可靠性。

---

① 龙宗智:《刑事印证证明新探》,载《法学研究》2017年第2期。
② 叶青:《未成年人刑事诉讼法学》,北京大学出版社2019年版,第117页。

未成年人有偿陪侍问题成因分析及对策建议

王 茹[*]

习近平总书记多次强调，青少年是家庭的未来和希望，更是国家的未来和希望。党的二十大报告明确要求，应加强和改进未成年人思想道德建设，健全学校家庭社会育人机制，增强全民法治观念。经 S 市检察机关调研近 3 年案件发现，有偿陪侍关联刑事案件数量不断攀升，参与有偿陪侍的未成年人呈低龄化、失学率高、不良行为矫治教育困难等特点，易对未成年人造成不良导向，影响未成年人犯罪预防和未成年人保护工作成效，亟须多部门联合管控，保护未成年人健康成长。

一、未成年人有偿陪侍关联刑事案件特点

2020 年 1 月至 2022 年 12 月，S 市检察机关共办理未成年人有偿陪侍关联案件罪名达 12 种，2022 年办理的案件同比增长 400%，参与有偿陪侍的未成年人中 16 岁以下的占比超 94%。主要特征如下。

（一）案件涉及罪名多达 12 种，以组织未成年人进行违反治安管理活动、介绍卖淫、强奸三类犯罪为主

在办理的有偿陪侍关联案件中，涉及罪名包括组织未成年人进行违反治安管理活动，组织卖淫，强迫卖淫，介绍卖淫，非法拘禁，

---

[*] 王茹，江苏省沛县人民检察院第四检察部主任。

聚众斗殴，强奸，寻衅滋事，引诱未成年人聚众淫乱，制作、传播淫秽物品牟利，故意伤害，强制猥亵共12种罪名，约1/3的案件涉及多个罪名。其中，涉嫌组织未成年人进行违反治安管理活动罪的案件占全部案件的56.25%，涉嫌强奸罪和介绍卖淫罪的案件分别占全部案件的37.5%。

（二）关联案件数量在2022年呈大幅增长

2021年办理的审查起诉案件较2020年小幅下降，2022年办理案件数量和人数比上年度均大幅增加。

（三）低龄化趋势明显，不满14周岁未成年人近3成，不满16周岁未成年人超9成

在参与有偿陪侍的未成年人中，不满14周岁的占比约26%；不满16周岁的占比约94%，最小的年仅12周岁。一方面，低龄未成年人心智尚不成熟，生活阅历较浅，易被"高薪日结""轻松安全"等说辞诱惑后进入KTV、酒吧等娱乐场所陪酒陪唱。如郑某某等人组织未成年人进行违反治安管理活动案中，有4名12—14周岁的未成年人通过网络发布的"日薪六百""招聘夜场小仙女"广告进入KTV工作，在高薪诱惑下有偿陪侍，其中3名未成年人更是在未告知父母的前提下离家出走。另一方面，参与有偿陪侍的幼女因易被控制、缺乏自护能力，容易成为犯罪分子满足自己的性刺激和变态心理的犯罪对象。如田某某恶势力犯罪团伙，以殴打、威胁等手段管理控制未成年少女进行有偿陪侍、卖淫等违法犯罪活动，并实施强奸、引诱未成年人聚众淫乱等犯罪。

（四）参与有偿陪侍的未成年人失学率约98%，半数以上家庭结构不完整

在参与有偿陪侍的未成年人中，大量人员在义务教育阶段失学，

失学率高达98%。其中约23.5%在小学阶段失学，73%在初中阶段失学，3.5%在高中阶段辍学。同时，半数以上未成年人家庭结构不完整，长期仅有父母一方作为监护人或者隔代抚养，亲子间或因疏于管教而关系淡漠，或因管束过于严厉而关系紧张。

（五）有不良行为的未成年人超7成，约15%的未成年人因违反治安管理处罚法、刑法而被处罚

在参与有偿陪侍的未成年人中，有吸烟、喝酒、打架、文身等不良行为的人员占比超过7成，部分未成年人实施强制猥亵、卖淫、拍摄淫秽视频等行为，占比约13%。如周某某强制猥亵案中，4名未成年人在KTV管理人员的教唆下使用皮带、酒瓶等工具参与殴打、猥亵1名14周岁的被害人，致使被害人身心受到重创。

（六）县域乡镇娱乐场所发案率较高，占比约84%

在S市检察机关办理的有偿陪侍关联刑事案件中，主要涉及KTV、酒吧等娱乐场所，其中位于主城区的占比约16%，县域乡镇涉及娱乐场所占比约84%，主要分布在城乡接合部、镇区等地。

二、案件特点成因分析

组织未成年人进行违反治安管理活动罪是全国人大常委会于2009年2月28日通过的《刑法修正案（七）》第8条的新增罪名，对于保护未成年人成长、稳定社会秩序有深远意义。该罪名多适用于盗窃、诈骗、抢夺、敲诈勒索等违反治安管理活动，但近些年来，全国各地公安、检察、法院干警在理论及实践中积极探索，形成较为一致的意见，认为组织未成年人有偿陪侍违反国务院《娱乐场所管理条例》第14条的规定，属于违反治安管理活动范畴，应适用该罪名，各地法院陆续作出此类判决。各地公安机关不断加大对组织未成年人有偿陪侍行为的查处力度，故近两年有偿陪侍关联案件大

量增加。分析此类案件的特点及成因如下。

（一）家庭学校保护双缺失，少数未成年人暴露在失效监管环境下

学校和家庭在未成年人成长中承担着引导、保护、教育等作用。但经调查发现，9成参与有偿陪侍的未成年人在义务教育阶段失学，半数以上的未成年人父母离异或外出打工，长期处于缺少关爱和监管状态，导致其极易受金钱诱惑，误入歧途。根据法律规定，对不符合刑事处罚的未成年人采取行政处罚或批评教育后，交由监护人带回家看管，但因家庭教育的缺失，其再次从事有偿陪侍服务的可能性极大，"抓、教、放"的恶性循环导致未成年人触法更加有恃无恐。如佟某等人介绍卖淫、传播淫秽物品牟利案中，13周岁的王某涵和14周岁的王某馨系姐妹，在父母离异后由父亲抚养，但父亲在外地打工未尽到监管职责，王某涵与王某馨小学毕业后即开始在KTV陪酒陪唱，后在高薪诱惑下拍摄淫秽视频。又如，在王某等人强迫卖淫、介绍卖淫案中，万某某在初中阶段失学，后与母亲关系破裂而离家出走，被他人带至外地某KTV有偿陪侍、参与性交易并染上性病。

（二）监管娱乐场所接纳未成年人手段有限，"九龙治水"困局难解

根据未成年人保护法规定，娱乐场所接纳未成年人的，由文化、市场、公安等主管部门按照职责分工进行相应处罚。但在实践中，文化部门仅监管是否申领娱乐场所许可证、市场监管局仅监管未成年人是否饮酒，人社局监管是否雇用未成年人、公安机关监管治安问题，对于接纳未成年人问题存在执法空隙，且职能部门"线"状管理特征明显，未形成工作合力。囿于人手有限、执法手段有限等因素，文化、人社、市场等部门很少主动到KTV、酒吧现场执法，

在执法取证时，很难判别人员身份，如果被检查者拒不配合，查处难度较大。

（三）网络监管存在漏洞，未成年人易受不良社交软件影响

根据《全国未成年人互联网使用情况研究报告》最新通报，我国未成年人互联网普及率达94.9%，近50%的未成年网民在上网过程中接触过淫秽色情、血腥暴力、教唆犯罪的负面信息，未成年人易受到网络直播、短视频、动漫作品影响而效仿实施。一些网络平台未尽到相关监管义务，甚至以打"色情擦边球"的方式规避审查，错误引导未成年人思想与行为。如胡某某组织未成年人进行违反治安管理活动案中，胡某某等人通过网络招揽未成年人在KTV进行陪唱陪酒。又如周某某强制猥亵案中，参与有偿陪侍的李某某等4人模仿网络视频中猥亵行为，在被害人身上逐一复制。

三、对策建议

（一）坚持预防和打击并重，以校园法治教育正三观，以政府联合整治清环境

开展更加专业、精细的校园法治教育，以学校的道德与法治课程为主线，填充法治讲座、模拟法庭、法治知识竞赛等互动式、参与式教学活动，使校园法治教育成为公民的底色教育，塑造青少年正确三观，远离金钱至上、娱乐至死等不良诱惑。同时，文化、公安、市场监管等部门应加大对辖区内娱乐场所进行联合整治力度，摸清KTV、酒吧的数量和营业情况，从严查处违法违规行为，规范行业秩序，充分挤压违法犯罪藏身落脚空间，为未成年人营造良好环境。

（二）压实家庭监护责任，做好精准矫正教育

对于办案中发现的失职家长，以训诫、发放监护督促令、责令接

受家庭教育等多种方式促使监护人切实履行监护职责。司法机关与妇联、教育局等部门联合,重点针对监护失职问题家庭开展家庭教育指导,充分利用大众媒体资源,让家庭教育指导进校园、进社区,引导改善教养方式,督促家长做好未成年人价值观教育,避免因物质诱惑误入歧途。同时,针对参与有偿陪侍的涉案未成年人,检察机关与公安机关应建立信息库,将此类人员划为"不良、严重不良、触法、犯罪"四个级别分类精准矫正教育,引入司法社工对未成年人提供一对一的心理咨询和行为矫正,及时监管并长期跟踪,反聩矫正效果。

(三)继续落实归雁行动,多部门联合配合降低未成年人义务教育阶段失学率

教育部门于2022年已制订控辍保学"归雁行动"实施方案,制作详细的失学学生劝返工作实施流程指南。教育部门应进一步做好中小学特别是经济发展落后地区学校的督查工作,巩固提升工作实效,避免出现失学学生新增和反弹。妇联、民政等部门要发挥好未成年人违法犯罪预防和权益保护的双重职能,深化"政府+学校+家长+社会"的"四维一体"联动治理模式,对辖区内"五失"青少年及单亲、残疾、留守以及父母服刑等特殊家庭未成年子女开展摸底排查,积极动员失学家庭的返学工作。司法机关应加强控辍保学相关的法治宣传和法律援助工作,依法维护适龄未成年人接受义务教育的合法权益。

(四)强化网络监管,筑牢未成年人网络安全"防火墙"

网信、公安等部门要推动涉及网络游戏、网络直播、网络音视频等网络服务者进行严格实名认证,强制要求单体或嵌入式短视频平台添加未成年人模式,优化算法推送,不断完善不良信息过滤机制,重点监控针对未成年人的色情网络信息传播情况,建立"黑名单"

制度，严格管控诱导未成年人有偿陪侍、进入娱乐场所消费等有害信息在网络传播。网络平台落实未成年人保护责任，从事前预防、事中监督、事后处置等环节防范、封堵、处置网络有害信息；加强对网络平台从业人员的管理和培训，提高视频审核人员的法律意识，严格审查涉及未成年人的视频发布。

未成年被害人关爱救助工作研究

——以办理性侵害未成年人案件为视角

于 泳 刘力萍 崔亦鹏[*]

近年来，未成年人保护工作面临的问题越发复杂、多样，更趋隐蔽性，未成年人在遭受不法侵害后引发的一系列不良后果不仅容易引起社会的普遍关注，更由于网络讯息的快速传播特性带来更多的潜在影响。近年来，检察机关办理的未成年被害人案件多涉及性侵害犯罪。以本地为例，近3年所办理的性侵害未成年人案件占未成年被害人案件80%以上，并呈上升趋势。性侵害案件中的未成年被害人是未成年被害人中特殊的群体，这个群体大多是不满14周岁的幼女，她们既遭受了身体摧残，更承受了精神上伤害，更应获得更多关注，得到相应的关心与救助。因此，司法机关在打击此类犯罪的同时，也应不断探索如何给予性侵害未成年被害人更多的法律保护与全面救助，尽力扫去她们心头上的那片阴霾。以办理性侵害未成年人案件为切入点，探讨未成年被害人关爱救助工作，既有现实意义，也有指引作用。

2021年6月，新修订的未成年人保护法正式实施，从"家庭保护、学校保护、社会保护、网络保护、政府保护、司法保护"等六个方面全方位构建了未成年人保护的制度体系。本文将分析性侵害

---

[*] 于泳，山东省烟台市人民检察院副检察长；刘力萍，山东省烟台市芝罘区人民检察院第二检察部主任；崔亦鹏，山东省烟台市芝罘区人民检察院第二检察部检察官助理。

案件中未成年被害人保护面临的困境，结合未成年人保护法的内容，以性侵害案件"一站式"办案与救助相结合，探讨以"检察机关＋民政部门"双擎之下，构建性侵害未成年被害人情况评估与干预机制，从个体发展、家庭监护、社会帮扶与司法救助等多个维度对其开展关爱救助工作。

一、性侵害案件未成年被害人关爱救助工作的现状分析

笔者通过对近年来办理的性侵害案中涉及的 22 名未成年被害人进行数据分析，从关爱救助未成年被害人密切相关的家庭保护、学校保护、社会保护、网络保护、政府与司法保护的角度，解读目前对未成年被害人开展关爱与救助的现状。

（一）家庭保护方面

涉及性侵害案件的 22 名未成年人的监护人均存在不同程度的监护缺位或者不当情形，检察机关均向其制发了督促监护令和相关家庭教育指导意见。监护人积极配合参与司法机关办案达 100％，均能够清晰表述案发后被害人的身心变化。其中 3 名被害人系被再婚家庭的继父侵害，因存在被害人的母亲提出已经有再生子女等原因，要求继续与侵害人共同生活，司法机关已经撤销侵害人对未成年人的监护人资格。

（二）学校保护方面

经调研，涉案的 22 名未成年被害人中幼女占 68％，以中小学生居多。其中，在校学生的未成年被害人出现休学或者辍学达 20％，多表现为中学生。4 名初中学生转入技校读书。仅有 2 起案件中，班主任在后续学习中对被害人给予了较多关注。因该类案件学校多数不知情，故在校期间未对未成年被害人给予相应的关爱救助等。

（三）社会保护方面

22名未成年被害人家庭中均未发现有符合救助的困境家庭，仅有1起监护侵害案件的未成年被害人所在社区得知案件情况后对未成年人进行了相关救助。辖区内社区均实现了未成年人保护专人负责全覆盖，但因司法机关未向相关社区披露案件信息，社区难以掌握涉性侵害未成年被害人情况。对出现侵害未成年人犯罪案发地的娱乐场所、旅馆等，未履行强制报告制度情形的，案发后均被处罚。

（四）网络保护方面

经梳理发现通过网络结识或者网络引诱占55%，其中多数在网络中传播过涉及隐私的照片或者视频，2起案件中涉及的不良信息向多人传播。案发后，侦查机关已经要求对上述信息关联人删除信息。少数被害人的监护人在案发后采取了时时查看网络记录，甚至禁止被害人使用网络的方式意图防止案件再发生，但缺乏其他有效的措施对被害人进行疏导。

（五）政府与司法保护方面

在司法办案中，均贯彻落实对未成年被害人"一次询问"原则，并积极听取了被害方的意见。60%的被害方委托了诉讼代理人，其他被害人从值班律师处得到了法律帮助。1名未成年被害人因性侵害造成的身体损伤，亲属对其进行了及时救治。22名未成年被害人中仅有2人进行了系统的心理疏导与干预，其他监护人均以暂时不希望再接触被害人为由拒绝司法机关提供的心理帮助。

二、性侵害案件中未成年被害人关爱救助工作存在的问题及原因

近年来，我国通过立法及相关机制建设，在未成年被害人救助工

作上取得了长足发展,但在实践中仍存在诸多问题,制约着救助工作的有效开展。结合该类案件办理情况分析原因如下。

(一) 关爱救助存在滞后性

主要是指在整个刑事诉讼过程中,对于被性侵的未成年被害人的关心及救助存在不及时的问题。一方面,没有确立尽早救助的理念。性侵害未成年被害人案件隐蔽性强,往往DNA痕迹鉴定等客观证据成为侦破案件的关键。作为实物证据的体液、毛发等生物样本由于身体清洗、衣物丢失等原因无法鉴定,导致查清案件的难度大,因此第一时间快速地侦破案件成为办理该类案件的重点。受案件特征的上述影响,侦查机关以明确犯罪嫌疑人、调取证据,以及查明案件事实作为首要工作任务。对被害人的关爱救助工作常常受优先侦破案件观念的影响,未得及时开展。如在对被害人进行人身检查过程中,侦查人员或医师局限于获取人身检查情况与实物证据的提取,被害人身体的持续性诊疗往往由其监护人在案件取证后另行考虑。同时,侦查机关引入心理咨询专家的介入,往往局限于对该未成年被害人取证出现困难时发挥作用,针对性侵害造成的儿童心理创伤及障碍却极易被忽视。案发后的第一时间是治愈未成年被害人的最佳时间,第一时间开展保护救助工作可以让其对司法机关建立信任、减少抵触,更有利于案件的顺利进行,故而案件办理与同步开展救助并无矛盾。另一方面,法律援助的缺位。根据我国相关刑事诉讼法律的规定,未成年犯罪嫌疑人享有强制辩护权。在性侵案件中,未成年被害人申请法律援助不仅应当满足"家庭困难"的条件,而且申请的时间仅限于自案件被移送审查起诉之日起。如果可以在侦查阶段为未成年被害人提供全面的法律援助工作,既有利于使其得到法律保护,也有利于协助相关部门抚慰未成年被害人及其家属情绪,开展相关的关爱救助工作。

(二) 救助多元化程度不足

性侵案件未成年被害人"应获得符合他们需要的援助，如法律援助、保护、安全的住房、经济援助、咨询、保健和社会服务、重返社会和生理及心理恢复方面的服务"。[①] 对于他们的救助是一项涉及司法、民政、教育等相关部门，以及医疗、心理咨询机构和社会工作组织等社会力量合力参与的系统性工程。从实践而言，除司法办案中法定的未成年人权益得到较好保护外，其他方面需要救助的覆盖面则较低。主要有以下三个原因：第一，因为性侵案件系隐私案件，知情面较小。性侵害未成年人案件中，被害人年龄都偏小，性侵行为对于她们的身体包括心理带来的伤害较之成年人更为沉痛。[②] 面对办案机关的询问，有些未成年被害人不愿谈及过往经历及案件细节。多数监护人考虑到被害人的名誉、感受，往往也提出不希望办案机关过多接触被害人，尤其不希望校方、社区甚至司法社工等知晓案情，这导致救助渠道受限。第二，难以确定需求点。只有确定被救助群体的需求才能开展针对性的救助，真正实现救助效果。实践中，为避免未成年被害人受二次伤害，监护人会表示无须进行心理干预甚至出现隐瞒部分案情的情况。难以对未成年被害人开展救助评估，导致无法准确锚定被害人的需求点，无法确定具体开展何种的救助工作，进而使救助工作无从下手。第三，救助机构不明确。法律没有明确规定开展该类救助的主导机关。检察机关全程参与案件办理，相对而言对性侵害未成年被害人的具体情况更为了解，加之作为诉讼上承上启下的机关，因而在实践中对于被害人的救助工作往往起着牵头作用，但这种主导作用并没有法律的明确

[①] 参见联合国经济及社会理事会：《刑事司法系统中儿童问题行动指南》第46条。
[②] 参见朱艳菊、孙永记：《实证分析检察机关如何构建性侵案件未成年被害人综合保护机制——以基层检察院司法实践为视角》，载严励、岳平主编：《犯罪学论坛（第五卷）》，中国法制出版社2019年版。

规定。尽管近年来陆续出台了针对未成年人进行司法救助的多项规定，但这些规定仅对内存在效力，对其他机关及社会团体约束力不高。如帮助未成年被害人转学或社会救助中，需要教育、民政、相关学校等多个主体协同发力，但由于缺乏法律的明确授权，受各自系统内规定制度的限制，上述单位能否接受检察机关的建议开展救助工作，实践中的情况较为复杂。另外，检察机关作为国家法律监督机关，不是专业的救助部门，只由检察机关主导法律监督与关爱救助也有待商榷。

（三）实际救助效果不甚理想

目前，针对性侵害案件中未成年被害人救助实施较多的方式主要包括发放救助款、心理疏导与干预、协同相关部门转学复学等，但从效果来看，救助成效并不明显。第一，发放救助款的适用门槛高。根据相关法律规定，民政部门对困境儿童等特殊群体的未成年人有相关的救助规定，但从前期分析来看性侵害未成年被害人鲜有符合该救助条件的情形。而最高人民检察院《关于全面加强未成年人国家司法救助工作的意见》对未成年人救助有明确的规定，但对如何评估救助数额和方式，以及救助款的使用监督等，均没有具体规定。同时，在刑事附带民事诉讼中主张精神损害赔偿也得不到人民法院的支持，但是性侵案件中对未成年被害人的精神伤害显然大于物质。第二，心理干预与疏导运行情况不理想。由于多数监护人有意回避心理干预，即使接受干预，也往往采取打电话等不露面的方式进行，大大降低了心理疏导的效果。调研中发现此类救助方式中的专业人士匮乏，参与人员专业化程度不高也制约了办理性侵案件中心理疏导与干预的效果。第三，在校生辍学情况需要得到关注。未成年被害人多为幼女，处在义务教育阶段，如何帮助她们快速走出阴影，回到学校是开展救助的重要部分。实践中，被害人由于受案件影响导致不愿再跟更多人接触进而不想读书导致辍学，有的被害人案发后由于成绩下滑而无法顺利升学，转入了职业学校读书，有的被害人则选择举家搬迁，在新的居住地重新入学。即使复学，由于学校缺乏有效跟进干预机制，无法助力未成年被害人真正重新适应学校生活。第四，社会力量缺乏开展救助工作的渠道。因案件特殊不予对外披露，无法与相关部门进行对接，导致部分公益组织等社会力量缺乏相关信息及参与渠道，无法在未成年被害人的救助工作中真正发挥实效，这也是导致救助效果不理想的原因之一。

三、未成年被害人关爱救助多维度模式设计

以调研发现的性侵害未成年被害人关爱救助中存在的难点为出发点，结合未成年人保护法的相关规定，以建立救助及时、形式多样、切实有效的目标为宗旨，尝试对性侵害未成年被害人从个体发展、家庭监护、社会帮扶与司法救助维度，进行指标设计和信息评估，并由"检察机关＋民政部门"合力开展多元化的关爱救助措施。

（一）建立健全多维度关爱救助配套机制

第一，建立检察机关、民政部门双擎保护机制。检察机关是国家的法律监督机关，未成年人保护法也明确了检察机关在未成年人诉讼活动中依法进行监督，意味着检察机关在司法活动中促进未成年人保护中要发挥主导作用。同时，该法也规定了由民政部门承担政府未成年人保护工作统筹协调机制的具体工作，也明确了民政部门的职责与责任。建立"检察机关＋民政部门"双擎未成年被害人保护机制既有法律依据，也有一定实践优势。具体而言，首先，检察机关一方面作为法律监督机关，其作为牵头单位开展救助工作可以立足其法律监督职能，使救助工作的开展更具透明性。另一方面民政部门并不参与案件的办理，其对未成年被害人的相关情况了解的并不详细，对于作出何种程度救助、是否需要进行救助无法进行准确的判断。因此，在办案过程中由检察机关牵头各部门开展救助工

作能够使救助方案更加切实可行。检察机关可以采取牵头建立联席会议，整合各部门资源，发挥承上启下、协调各方、督促监督的作用，但除保护隐私及司法救助外并不负责其他救助工作的具体实施。其次，就民政部门而言，救助工作并非司法机关的主要工作职责，检察官办理案件工作已经极为繁重，如果同时兼顾司法工作与救助工作，不利于救助效率与工作效果的提高。① 因此，在救助方案的具体实施与案结后的长效机制建设上，民政部门应当起到主导作用，通过与医疗机构、社工组织、心理咨询机构、妇联、公益组织等部门及社会团体建立长期合作关系，通过数据平台进行信息共享，将救助方案切实执行下去。在案后通过定期身体检查及心理辅导、开展未成年被害人家属的亲子教育、复学转学后家访等方式陪伴其彻底走出阴影，形成长效机制，防止案结救助工作也随之结束。最后，各地应根据实际情况将上述机制通过指导意见等文件的方式明确规定下来，防止一盘散沙、推诿扯皮情况的发生，从制度上保障未成年被害人得到及时有效的保护与救助。

第二，构建"一站式"办案与救助相结合机制。在传统的刑事司法过程中，尤其在侦查与审判阶段，被害人得不到应得的重视和关怀，这种不当待遇可能引起第二次伤害。② 在具体结合的方式上，就办案场所而言，未成年被害人的身体伤害是最直接的后果且通过身体检查获得的相关证据对案件侦破也有着重要作用，因此在方便医疗与身体检查的基础上开展"一站式"办案与救助较为合适。目前，全国各级检察机关已联合公安机关、妇联等建成未成年被害人"一站式"办案区 2053 个③。如何在"一站式"办案区内实现救助工

---

① 参见严婷婷、赵秋霖：《未成年被害人综合救助机制的比较考察与路径完善——以东亚地区司法制度体系为视角》，载《预防青少年犯罪研究》2022 年第 3 期。
② 参见[日]太田达也：《刑事被害人救助与刑事被害人权利在亚洲地区的发展进程》，武小凤译，载《环球法律评论》2009 年第 3 期。
③ 《用好"一站式"办案区，让"封闭的心"开口说话》，载微信公众号"最高人民检察院"2023 年 1 月 12 日，https://mp.weixin.qq.com/s/CExUhmM_58dTwa1WI-En6Q。

作的有效性是重点问题。在询问未成年被害人前，可由医护人员对被害人进行身体检查，及时予以治疗，需要取证的，也要在同一时间进行验伤及固定证据。治疗结束后，由专业的心理咨询师先行对被害人进行心理疏导，评估进行询问是否合适并对询问人员给予专业建议。询问后，要进一步对被害人的心理损伤程度进行评估，进一步开展疏导工作，将医疗与心理救助工作贯穿整个询问过程中。在技术上，从刑事案件受理初期，设立专人负责开展未成年被害人的信息采集和评估工作，并建立综合救助大数据平台。在办案期间，侦查机关、检察机关通过数据平台建立情况通报制度，及时了解案件的诉讼阶段，通报未成年被害人的救助需求点，同时应当注意隐去部分涉案信息防止出现案情披露导致不良影响，将需要救助的情况与参与此次关爱救助的职能部门、机构及社会组织在数据平台上实时进行共享，以方便各部门及社会组织制定出有针对性的救助方案。最后在检察机关与民政部门的共同协调下，开展救助计划的统筹设置与具体措施的执行。在案件审结后，再次进行救助情况的评估，通过大数据平台拟订未成年被害人顺利回归正常生活的干预计划。另外，该数据系统还可对案件情节、被害人心理及身体损伤情况赋予不同分值，通过大数据运算与关键词检索找出类案司法救助的处理办法供办案人员参考。

(二) 依托机制切实开展办案与救助相关工作

第一，办案同步进行未成年被害人信息采集工作。确定需求才能有针对性地对性侵害未成年被害人开展救助。在侦查机关办案过程中，办案人员要对未成年被害人进行询问，调查取证的过程中不应只局限于案件事实的查证。全面翔实地采集未成年被害人相关信息不仅能够第一时间获取符合实际情况的救助需求点，也能避免后续为救助而全面收集信息导致的"二次伤害"。随案收集信息主要包括以下四个维度的指标。

一是个体发展相关信息。包括未成年被害人的年龄、身体状况、教育情况、居住情况等。就年龄情况而言，一方面，年龄越小受到案件的影响越大，性侵案件中未成年被害人多为低龄幼女，这类群体敏感程度更高，在受到侵害后所表现出的心理创伤更为严重，所以办案机关要以被害人的年龄特点选择不同程度的心理干预措施。另一方面，则是年龄影响其理解与表达能力。要根据不同年龄段理解与表达能力的特点，采取其能够明白的表达方式进行谈话。同时防止被害人陈述中出现明显不符合其年龄段的用语，影响言词证据的证明力；获取身体状况信息则要求在第一时间对未成年被害人进行心理评估与身体检查，判断被害人是否存在应激障碍、错误认知、过度自责等，了解伤情、是否有感染性病的风险等，以有针对性地进行治疗；教育情况则是要采集所就读学校的相关信息，例如，该学校是否设立预防及处置性侵害未成年被害人的机制，此侵害事件对被害人学习影响的程度，综合判断案件处理完毕后复学的可能性，是否需要及时协调各方帮助被害人进行转学等；最后则是居住情况，主要了解未成年被害人是否有固定住所、是否系农村及外来务工人员子女等相关信息，以为将来进行临时救助、过渡性安置做好准备。

二是家庭监护相关信息。监护人是对未成年人进行保护的第一道也是最根本的防线，监护失职是未成年人遭受侵害的关键因素。因此，要在办案过程中及时了解未成年被害人的监护人是否为其实际的照护人，其监护人的职业与收入状况，其监护人是否有不良行为记录，能否继续履行监护职责，其日常的亲子教养方式，被害人是否还存在其他监护人等信息。分析监护人监护缺位导致性侵案件发生的责任程度抑或其本是监护人性侵案件，综合判断是否要撤销监护人的监护权或者对其监护人进行指导教育，若监护权被撤销后，未成年人会不会陷入无人照料的困境。同时，也要了解监护人对案件处理的相关诉求。

三是社会帮扶救助需要的相关信息。社会帮扶救助是一项汇聚各机构、各单位、各部门力量的系统性工程,是补足司法救助与国家救助局限性的重要方式。要随案收集未成年被害人是否符合民政部门或其他部门对困境儿童、留守儿童开展救助的相关条件;对于在校生,要了解校方对案件的知情程度,是否具备处置性侵案件的能力与机制,能否及时有效采取措施保护被害人隐私,对其进行帮助;此外,随着互联网的普及,"隔空"性侵的情况时有发生,如果涉及网络性侵害的,也要确定相关网络影响是否已经消除;对于案发地点涉及网吧、酒吧等未成年人不得进入的场所的,要收集该类场所的日常管理情况,是否有同类事件的发生、案发后是否进行了整改等情况。

四是司法救助相关信息。司法救助是司法机关对于未成年被害人进行的救助,相较于社会救助与国家救助而言,司法救助具有救急、专业的特点。对性侵害案件未成年被害人开展司法救助能够及时缓解被害人家庭暂时的生活、医疗困难,比如,符合最高人民检察院《关于全面加强未成年人国家司法救助工作的意见》规定的情形的,收集司法救助所需的相关材料,降低被害人的经济成本。另外,也要关注对未成年被害人进行法律援助,保障被害人的诉讼参与权。实践中部分家庭因为高昂的律师费用放弃了聘请律师,所以在诉讼过程中,办案机关要及时收集未成年被害人及其家庭的相关情况。

第二,围绕信息确定需求点,提供相应的关爱救助措施。通过对未成年被害人信息的采集、摸排,快速评估对未成年被害人开展保护工作存在的需求点,结合被害人的特点有针对性地提供关爱救助措施。

一方面,开展保护支持和补充类救助措施。根据对未成年被害人信息采集情况,快速评估保护救助存在的需求点,并结合需求点为其及监护人提供救助款、亲职辅导、心理疏导、精神治疗等支持性和补充性服务,协助提升未成年人及其家庭的抗逆力,增强面对案件带来的不良影响及解决困境的能力。首先是医疗救助。针对未成年被害人的身体状况，司法机关要协调医院开通"绿色通道"，通过免挂号、免排队、减免医疗费用等措施，对未成年被害人进行及时妥当的医疗救助。并在医疗的同时，完成取证工作，需要进行鉴定的，也要尽量一次性完成检查，将医疗和身体检查的再损害降到最低。其次是心理救助。针对被害人的心理状态，要及时开展心理干预，专业人员尽早介入，由心理咨询师进行沟通与交流，了解被害人心理问题的症结所在，"对症下药"，缓解心理及精神上的痛苦，防止"恶逆变"情况的发生。此外，未成年被害人在低龄时遭受性侵，其父母往往陷入无限自责中，无形中亦会加重未成年被害人的心理压力，[①] 这也会导致其父母暂时无法理性、有效地履行监护职责。因此，心理咨询机构还要注意对其亲属进行心理辅导，缓解压力、走出阴影。协助提升家庭及未成年人的抗逆力，增强面对案件带来的不良影响及解决困境的能力。最后则是司法性救助。主要包括法律援助与司法救助。性侵案件发生后，未成年被害人及其家属受经济情况、情绪状态等因素的影响，能否委托律师或者委托何种律师可能存在困难，办案机关要及时根据被害人情况依法帮助其申请法律援助，及时给予法律上的帮助。

另一方面，进行保护功能干预和重整救助。对于案件属于监护侵害，或者系由与未成年被害人有密切关系的熟人作案，又或者案件发生在未成年被害人熟悉场所等情况，需要相关部门介入提供临时监护，或者采取相关措施消除类案发生的风险。在重整救助中，需同步开展保护支持和补充类救助。该类案件较为特殊，在案件办理过程中未成年被害人很容易陷入无家可归或无人照料的困境。建议协调当地福利部门或建立专门的未成年人救助机构，选择专业、可靠的临时照料人对未成年被害人进行临时庇护与生活照料。临时照料人应当专人负责该被性侵未成年被害人的生活，关注其心理状态

---

① 参见柴晓琳：《性侵案件未成年被害人综合保护的实现路径——以"一站式"保护为切入点》，载高景峰主编：《检察调研与指导》第1期，中国检察出版社2019年版。

及身体情况，定期向司法机关及其他相关职能部门汇报，发现问题的，要及时联系医院或心理咨询机构同步开展上述保护支持与补充类救助工作。对于监护侵害案件，司法机关根据案件情况依法撤销侵害人的监护人资格，同时要关注未成年被害人的家庭是否因案件陷入困境，从而引入相应的救助工作。如继父性侵案件中，侵害人在家庭中多在经济方面承担对被害人的抚养功能，因案件被判处刑罚后，该类家庭的经济问题可能成为首先需要面临的困境。如何帮助未成年被害人，尤其是帮助其家庭能够恢复一定的生活保障，以支撑未成年被害人继续完成学业需要多个部门参与的综合救助手段。

（三）能动履职，建立多元救助格局、加强诉源治理

第一，要整合社会救助帮扶力量开展多元救助。性侵害未成年被害人的救助涉及医疗与心理治疗，在司法工作人员精力有限的情况下，"全能司法"是低效的选择，对涉案未成年被害人的综合救助和保护需要完整的社会支持体系，把专业的事交给专业的人来做。[1] 要畅通渠道，引入社会专业力量或公益组织参与救助，通过整合社会资源，加强与妇联、教育、医疗和社工、心理咨询机构、志愿者组织、公益组织等的密切合作，通过综合救助大数据平台，在平台上共享案件及被害人的相关数据，实现电子化动态管理，及时提供切实的救助措施，形成救助合力，并做好被害人隐私保密工作。以政府购买服务、未成年救助联合行动月等形式，为性侵害案件未成年被害人提供全面、专业、长效的医疗、心理治疗及陪伴服务。要通过政策支持、鼓励社会专业组织的成立，培养专业人才，满足性侵害案件的多元、专业救助需求。对于需要进行转学的，也要协调好教育部门与相关学校，做好转学安置工作。另外，对于未成年被害人而言，社会力量的参与也存在"二次伤害"的风险，因此在引入

---

[1] 参见曹忠鲁、杨新慧、李立峰：《关于未成年被害人综合救助的几点思考》，载《检察日报》2021年3月18日。

社会力量时要对组织及人员的资质、工作经历、相关背景进行审查，并以签订保密协议等方式防止被害人信息被不当传播。

第二，通过履行监督职能与制发检察建议，开展性侵害未成年人案件诉源治理。检察机关首先要对没有提起撤销监护权申请的主体以制发检察建议的方式督促其向法院申请撤销监护人资格，并支持起诉，发挥监督职责。在办理其他性侵未成年被害人案件的过程中，检察机关也要注重对监护进行监督，对监护缺位或履职不当的情形，依法制发"督促监护令"和家庭教育指导要求，规范监护权的行使。其次性侵未成年人案件往往暴露出家庭及学校教育、外来务工、娱乐场所、网络环境治理等多方面的问题，因此，检察机关在案后，要加强与教育、民政、妇联、公安等部门的联系，聚焦典型案源，多角度分析性侵案件发生的原因，及时发现未成年人管理的薄弱问题，通过制发检察建议的方式参与社会治理，共同消除隐患。最后要构建预防保护体系。部分性侵案件的发生大多是由于家庭监护不到位所致，通过学校召开家长会或者普法活动等形式，提高家长的教育保护意识，使家长了解到性侵案件的基本特征、不法分子的作案手段、必要的性教育知识以及相关的法律知识，让家长在日常生活中将这些信息以合适的方式传授给未成年子女，切实履行监护职责。要依托学校，通过"法治进校园"等活动，开展法治课堂、素质教育活动，培养学生的维护自身权益意识、自我保护意识。也要对学校的管理制度定期进行监督，督促学校设置预防与处理性侵未成年被害人的相关机制，强化学校教育监管意识。对于没有依法履行强制报告制度的相关行业机构，检察机关应监督职能部门依法履职，及时对相关单位予以惩处，对行业进行整改，并协同建立预防性侵害未成年人犯罪的长效机制，实现对未成年人司法保护的合力。

未成年人"两法"实施中检察监督责任研究

——以未成年被害人的全面综合保护为视角

马建馨 谢景春[*]

2021年6月1日起,新修订的《中华人民共和国未成年人保护法》《中华人民共和国预防未成年人犯罪法》(以下简称"两法")开始实施。"两法"的实施,对于保护未成年人身心健康、保障未成年人合法权益、预防未成年人犯罪具有重要意义。检察机关是法律监督机关,在促进"两法"实施中,要坚持儿童利益最大化,贯彻少年司法理念,提升综合司法保护能力。特别是要充分发挥检察监督职能,完善未成年被害人全面综合保护体系。

一、加强未成年被害人保护法律监督任重道远

习近平总书记强调,少年儿童是祖国的未来,是中华民族的希望。党和政府要始终关心各族少年儿童,努力为他们学习成长创造更好的条件。"两法"的修订,进一步完善了未成年人保护和犯罪预防的法律体系,是贯彻落实习近平总书记关于未成年人保护重要指示精神和党中央决策部署的重大立法安排,必将为我国未成年人的

---

[*] 马建馨,天津市人民检察院第二分院第八检察部主任,二级**高级检察官**,法学博士;谢景春,天津市人民检察院第二分院第八检察部副主任,四级**高级检察官**,法律硕士。

健康成长提供更加有力的法治保证。①

"两法"对检察机关的法律监督职责作出明确规定。新修订的《中华人民共和国未成年人保护法》（以下简称《新未保法》）第105条规定："人民检察院通过行使检察权，对涉及未成年人的诉讼活动等依法进行监督"。新修订的《中华人民共和国预防未成年人犯罪法》第60条规定："人民检察院通过依法行使检察权，对未成年人重新犯罪预防工作等进行监督。"

法律的生命在于实施。检察机关具有法律实施和法律监督的双功能定位，要深刻认识"两法"施行的重要意义，立足法律监督职能，承担未成年人司法保护的主导责任，保障未成年人健康成长，一方面要把"两法"精神内涵体现在未检工作中，另一方面要全面监督未成年人保护的具体规则落地落实。

《新未保法》第4条明确规定了最有利于未成年人原则，并且提出6项具体要求。侵害未成年人犯罪对未成年人身心健康造成严重伤害，对未成年被害人的保护是未成年人保护的短板，也是最重要的一环。对未成年被害人应当坚持"最高限度保护"。检察机关办理涉未成年被害人案件及履行法律监督职责，应当适应未成年人身心健康发展的规律与特点，给予未成年被害人特殊、优先保护，帮助未成年人摆脱困境、健康成长。②

二、侵害未成年人犯罪治理的现状与困境

近5年，侵害未成年人犯罪总体呈上升趋势。2017—2021年，检察机关起诉侵害未成年人犯罪人数分别为47466人、50705人、62948人、57295人、60553人。2021年较2017年上升27.57%。其中，强奸罪、猥亵儿童罪位居侵害未成年人犯罪提起公诉人数前两

---

① 史卫忠、范向利：《"两法"施行背景下未成年人检察工作高质量发展路径探析》，载《中国检察官》2021年第11期。

② 吴燕：《未成年人检察实务操作》，中国检察出版社2021年版，第157页。

位。2021年，检察机关起诉强奸未成年人犯罪17917人，同比上升16.61%，起诉猥亵儿童犯罪7767人，同比上升32.09%。2021年，检察机关起诉侵害不满14周岁未成年人犯罪人数31213人，占侵害未成年人犯罪人数的51.55%。①

性侵害犯罪是侵害未成年人犯罪中数量最多的犯罪，也是社会危害性最严重的犯罪类型之一，严重侵害未成年人的身心健康，造成恶劣的社会影响。当前，未成年被害人保护的困境主要表现为：自护能力差、证据稀缺、法律适用不准确、救助不充分四个方面。办理性侵害未成年人案件的短板主要集中体现在证据的提取、审查、判断方面，以及对具体罪名和量刑情节的准确认定上。由于多种因素，存在高度犯罪嫌疑的行为人无法被追究刑事责任的情况，或者应当从重处罚的量刑情节无法认定，影响了对未成年人权益的保护。

（一）未成年人安全防范体系尚未成型，未成年人自护意识差

梳理T市某分院近5年办理的38件性侵害未成年人案件发现，49名被害人中，不满14周岁幼女33人，29人为学生，有11人自愿与行为人发生性行为，有10人通过网络与行为人相识交友，熟人作案超过86%。这些未成年人性教育缺失，不能准确认识性行为的意义。其中某强奸案，未满14周岁的未成年被害人，竟然以发生性行为成为"真正的女人"为由向同学炫耀。某组织、强迫卖淫案中，两名未成年女生长期不回家，家长未予过问，监护失责。该案中，多名未成年人多次在宾馆被组织从事卖淫行为，相关11家宾馆并未严格履行入住登记手续，未成年人随意出入，不受限制。以上情况充分说明，当前未成年人自我保护意识差，家庭、学校、社会在未成年人保护上存在履职不力的情况，未成年人保护立体安全教育防范体系尚未成型。

---

① 最高人民检察院《未成年人检察工作白皮书（2021）》。

（二）证据的收集、认定存在问题，影响打击性侵害犯罪

性侵害未成年人案件，行为人不认罪是常态，存在客观证据少、行为人和被害人一对一的情况。当前，该类案件缺少统一的证据指引，尚未出台专门的证据审查规则。"由于证据收集不到位、证据审查过于严格、证据认定标准不科学，导致事实认定者已形成内心确信的案件只能以存疑不起诉或无罪判决结案的情况也时有发生"。①

一是认定行为人"明知"幼女年龄存在困难，导致无法追究犯罪嫌疑人刑事责任。在有证据证明发生性行为的情况下，行为人通常否认实施强制手段、否认明知被害人未满14周岁。38起案件中，有6名被害人自愿与行为人发生性关系，因无法证明行为人明知被害人未满14周岁，无法追究行为人的刑事责任。

二是案发时间久远导致证据缺失，案件事实难以认定。某强奸、猥亵儿童案，未成年被害人在事发3年后报警，导致无法提取任何客观证据，犯罪嫌疑人否认实施犯罪行为，在只有被害人陈述而缺少其他证据印证的情况下，检察机关未予批捕。某未成年人被强奸怀孕案，家长陪同未成年人用化名堕胎，未保留胎儿生物组织，导致无法进行亲权鉴定，致使无法认定法定加重情节。

三是幼儿陈述证明力较弱且无其他证据印证，案件事实难以认定。某猥亵儿童案，犯罪嫌疑人为女童的爷爷，女童年仅3周岁，通过观察询问录像，女童陈述表达不清，内容可信度较低，缺少其他证据，且女童母亲与犯罪嫌疑人存在家庭矛盾，存在诬告的可能，一审作出无罪判决后，二审检察机关未支持抗诉。

（三）受常见犯罪类型、模式的影响，对相关事实的法律评价不准确

该问题主要体现以下几类：一是错把典型当必须，不能正确评价

---

① 岳慧青：《性侵害未成年人案件证据的运用》，法律出版社2018年版，第37页。

实行行为的性质;二是受惯性思维影响,不能准确认定从重处罚情节;三是适用法律不当,错误认定罪数。分别各举一例说明上述问题。

[案例1]某强奸案,犯罪嫌疑人甲通过网络向未满14周岁的被害人索要3张裸照,随后以将裸照发布到网络为由要挟被害人与其发生性关系,因被害人未服从而将裸照发布到网络空间。

该案中,公安机关以甲涉嫌强奸罪向检察机关提请逮捕,某区检察院未予批捕。理由为:第一,不能证明存在强奸行为;第二,甲涉嫌侮辱罪,系告诉才处理。办案人不认为该案涉嫌猥亵儿童罪。2018年11月,最高人民检察院发布第十一批指导案例后,因该案与指导性案例中的骆某猥亵儿童案相似,该区检察院联系公安机关重新报捕后,以猥亵儿童罪对甲批准逮捕。该案的办理说明,对于性侵害未成年人犯罪,不能以过去的典型常见形态为标准作判断,不能固守猥亵行为必须发生物理上接触的成见,而应对行为的危害性进行实质的判断,进而正确评价行为的性质。此外,对于行为人以散布裸照要挟被害人与其发生性关系的行为,可以评价为强奸罪的预备行为。

[案例2]某强奸案,被告人甲与乙合谋将被害人A(案发时16周岁)灌醉后实施强奸。在二被告人的暂住处,甲乙将A灌醉后,甲脱去A的衣物与其发生关系。后甲让乙与A发生性关系,乙因故未能完成性行为。

该案中,一审未认定轮奸情节,原因在于受思维惯性影响,认为轮奸需要两名行为人均完成强奸行为。然而,轮奸是一项共同事实行为,是法定加重量刑情节,并非独立的犯罪构成,只要行为人具有奸淫的共同认识,并在此认识的支配下实施了轮流奸淫行为即可。在行为上,轮奸包括各行为人有的强奸已经得逞,有的强奸未能得逞的情形。对轮奸情节只有存在与否的问题,而不涉及既遂未遂的问题。根据共同犯罪"一人既遂,全体既遂"的基本原理,就本案来说，应当认定甲乙强奸罪既遂，存在轮奸情节，对于乙，量刑上可以从宽。

[案例3] 行为人对患有癫痫的被害人从不满14周岁到14周岁以后多次实施强奸、猥亵。某法院判决认为：该行为同时构成强奸罪、猥亵儿童罪、强制猥亵罪，但基于该类侵害行为发生在一段时间内，可以强奸罪一罪从重处罚。①

该案中，法院判决认定行为人行为构成三个罪，却只以一罪从重处罚，属于法律适用错误。该问题并非个例，如某猥亵儿童、强制猥亵案再审刑事判决书："从立法本意来看，如果行为人强制猥亵的对象既有已满14岁的妇女又有不满14岁的儿童，依法只能以强制猥亵罪加重处罚，而不宜实行数罪并。"② 认定罪数应当将行为与犯罪构成进行比对，准确区分一罪与数罪，以实现罪刑相适应的刑法原则。第一，猥亵儿童罪、强制猥亵罪、强奸罪为不同罪名，行为人实施了数个犯罪行为，应当数罪并罚。第二，行为人存在三个犯罪行为，如果以一罪论处，未能评价另外两个行为，违背罪刑相适应原则。③ 第三，司法实践中对于触犯同一条文下不同罪名的行为，一般予以并罚。例如，行为人既有引诱年满14周岁女性卖淫行为，又有引诱幼女卖淫行为的，应以引诱卖淫罪与引诱幼女卖淫罪予以并罚④。综上所述，对于行为人既强制猥亵他人又猥亵儿童、强奸的，应以强制猥亵罪、猥亵儿童罪、强奸罪予以并罚。

（四）对被害人救助不充分，综合帮扶体系不完善

保护未成年被害人，在心理疏导、经济救助、社会救助等方面往

---

① 长沙县人民法院（2012）长县刑初字第240号刑事一审判决书。
② 衡阳市中级人民法院（2020）湘04刑再12号刘某猥亵儿童、强制猥亵、侮辱再审刑事判决书。
③ 最高人民法院刑事审判第一庭：《性侵害未成年人犯罪司法政策案例指导与理解适用》，人民法院出版社2014年版，第77—79页。
④ 最高人民法院、最高人民检察院《关于办理组织、强迫、引诱、容留、介绍卖淫刑事案件适用法律若干问题的解释》第8条。

往面临多困境。心理救助方面,性侵害未成年人犯罪,对被害人心理伤害极大,然而受不正确性观念影响,被害人及法定代理人出于"顾及面子""保全名誉"等考虑,往往不愿意接受心理测评、心理疏导、心理治疗。实践中,由于缺少心理救治,存在未成年人受侵害后自伤甚至自杀的情况。① 经济救助方面,性侵害未成年人案件,犯罪嫌疑人不认罪是常态,被害人通常难以获得经济赔偿,且被害人家庭往往经济比较困难。据湖南省检察院的一份调研报告显示,在 115 起性侵害被害人案件中,被害人获得经济赔偿的仅 23 人。② 社会救助方面,未成年被害人可能面临医疗救治、就学就业、家庭监护等难题。一些严重的暴力犯罪中,被害人健康受到严重伤害,面临持续医疗康复的困难;个别校园性侵害案件,由于案件信息在校园扩散,导致在校学生面临转学的问题,也有被害人被侵害后辍学,面临就业生存的压力;单亲监护侵害案件,监护人被追究法律责任,被害人面临监护不足的困境。这些困境都需要及时有针对性的救助措施。

三、加强对未成年被害人保护法律监督的路径探析

习近平总书记指出,"不管是什么情况,不论是什么天灾人祸,一定不要让下一代受到伤害,这是我们的责任"。③ 对此,检察机关应依法履行职能,严厉打击侵害未成年人犯罪,有效保护未成年人。同时,要关注案件背后的深层次问题,分析犯罪原因,发现治理漏洞,结合落实"一号检察建议",提高家庭、学校、社会和未成年人自身保护意识和保护能力,促进提升未成年人保护的社会综合治理能力。

---

① 2018 年 5 月 18 日,甘肃省庆阳市一名高中女生被老师猥亵 1 年后跳楼自杀。
② 冯丽君:《关于性侵害案件未成年被害人权益保障的调研思考》,载最高人民检察院法律政策研究室编:《未成年人权利保护指导性案例实务指引》,中国检察出版社 2019 年版,第 43 页。
③ 《习近平:从小就让社会主义核心价值观的种子在心中生根发芽》,载 https://politics.gmw.cn/2022-06/01/content_35782585.htm。

(一)贯彻少年司法理念,依法妥当办理性侵害未成年人案件

一是坚持儿童利益最大化的原则,以零容忍的态度坚决打击性侵害未成年人犯罪。强奸、猥亵、组织卖淫等性侵害未成年人犯罪,对未成年人身心造成严重伤害,要充分考虑未成年被害人身心尚未成熟、容易轻信他人、易受伤害等特点,从严惩处此类犯罪。比如,中国少年儿童文化艺术基金会女童保护基金和北京众一公益基金会共同发布的《"女童保护"2021年性侵儿童案例统计及防性侵教育调查报告》(以下简称《"女童保护"报告》)反映,熟人作案超8成,教师、亲属性侵案大幅上升。对此,要严格依据《刑法修正案(十一)》等相关规定,从重打击负有照护职责人员性侵犯罪,最大限度保护受侵害未成年人的合法权益。

二是贯彻特殊保护、优先保护的理念,严格落实未成年人刑事特别程序、特殊制度。以询问女性未成年被害人的程序问题为例,2018年刑事诉讼法、2019年《人民检察院刑事诉讼规则》及2020年《公安机关办理刑事案件程序规定》均规定,询问女性未成年被害人,应当有女工作人员在场。司法实践中,一般有1名女工作人员在场。对此,《新未保法》第112条规定,询问女性未成年被害人,应当由女性工作人员在场。从"有"变为"由",体现出保护未成年人的司法程序更进一步。对此,司法机关在询问女性未成年人时,应该按照《新未保法》的要求,完全由女性工作人员进行。此外,检察机关要继续推行"一站式"取证,以一次询问为原则,避免造成二次伤害。

三是严格证据采信,准确适用法律。首先,要坚持专业化办理。由熟悉未成年人身心特点的人员办理相关案件,促进统一证据采信标准的司法共识。其次,贯彻刑事司法政策,准确评价犯罪事实。充分利用最高人民法院、最高人民检察院、公安部、司法部《关于依法惩治性侵害未成年人犯罪的意见》中关于"明知""公共场所"

等司法证明的规定,参考相关指导性案例,准确认定犯罪主观要件及有关从重情节,进而正确适用法律。最后,司法机关要有条件支持被害人提出的精神损害赔偿诉请。2021年3月1日起施行的最高人民法院《关于适用〈中华人民共和国刑事诉讼法〉的解释》第175条,将关于受到犯罪侵犯要求精神损害赔偿的规定,由"不予受理"改为"一般不予受理"。这对更大限度保护未成年被害人具有示范性意义。[①] 被害人诉讼能力不足的,检察机关应当开展支持起诉工作。

(二)坚持"最高限度保护"原则,全方位保护未成年被害人

开展未成年人保护工作,应当尊重未成年人人格尊严,保护未成年人隐私,为未成年被害人提供全面、综合、有效的保护。具体而言,要加强司法救助,从法律、心理、医疗、社会等各方面帮助未成年被害人健康成长。

司法机关一直在积极主动开展司法救助工作,今后需要在加强救助工作的精细化、救助对象的精准化、救助效果的最优化上继续下功夫。[②] 关于法律援助工作,当前各地基本能够做到申请即能获得,需要提高的是法援律师对未成年人相关政策法规的掌握程度。

心理救助工作对于安抚和疏导被害人情绪、帮助被害人走出心理困境具有重要意义。当前,上海、广东等地区已率先建立未成年人检察社会服务体系,由专业的心理咨询师、高校心理学教师、精神卫生医生为未成年人提供心理疏导或治疗,值得各地借鉴。

医疗救助方面,司法机关要通过与医疗等机构合作,为未成年被害人提供身体检查、身体康复、器官修复等医疗救助服务,帮助未成年人恢复健康正常的学习和生活。治疗过程中,可以通过开辟就

[①] 王广聪:《论最有利于未成年人原则的司法适用》,载《政治与法律》2022年第3期。
[②] 最高人民检察院《关于全面加强未成年人国家司法救助工作的意见》。

诊专区、化名医疗等举措保护未成年人隐私。①

对于符合最低生活保障的未成年人，检察机关要帮助其向有关部门提出社会救助申请；对于监护缺失的，在充分听取未成年人意见的基础上，检察机关要协调有关部门妥善安置；适龄未成年人有就业意愿但缺少技能或资金的，检察机关要协调有关部门为其提供技能培训等帮助。②

（三）注重落实"一号检察建议"，推进三项制度落地落实

检察机关履行未成年人保护的法律监督职责，要严格落实"一号检察建议"，推动侵害未成年人案件强制报告制度、性侵违法犯罪入职查询制度和从业禁止制度落地见效。

关于强制报告制度，针对实践中存在发现性侵害未成年人案件未及时报案问题，要及时向学校、宾馆等相关单位宣讲《新未保法》第11条和《关于建立侵害未成年人案件强制报告制度的意见（试行）》的规定，要求相关单位在工作中发现未成年人遭受不法侵害以及面临不法侵害危险等情况，应当立即报案。对于发现性侵害案件瞒报、谎报的，要建议有关机关依法依规从严处理。特别是，当前宾馆成为性侵害未成年人犯罪主要场所，一些宾馆违规接待未成年人现象突出，要根据《新未保法》第57条的规定，落实未成年人入住旅馆的监督、报告、保护机制。

关于入职查询制度，要切实贯彻《新未保法》第62条和最高人民检察院、公安部、教育部《关于建立教职员工准入查询性侵违法犯罪信息制度的意见》的规定，监督密切接触未成年人的单位在招聘工作人员时及每年定期对工作人员进行违法犯罪信息查询工作。对于违反信息查询规定的，依《新未保法》第126条，严肃追究相关人员的法律责任。

---

① 吴燕：《未成年人检察实务操作》，中国检察出版社2021年版，第170页。
② 《未成年人刑事检察工作指引（试行）》第78条。

关于从业禁止期限问题，《刑法》第37条之一规定的是3年至5年，《新未保法》第62条规定的是，密切接触未成年人的单位不得录用有性侵害等违法犯罪记录人员。对此，应当坚持"最高限度保护"的原则，严格贯彻落实最高人民法院、最高人民检察院、教育部《关于落实从业禁止制度的意见》，对于教职员工实施性侵害、虐待、拐卖、暴力伤害等犯罪的，依照《新未保法》第62条的规定，判决其禁止从事密切接触未成年人的工作。

（四）积极参与社会综合治理，主动融入"五大保护"

《新未保法》构建了"家庭、学校、社会、网络、政府、司法"六大保护体系。检察机关既要承担司法保护的重要职责，又要发挥未检统一集中办理优势，实现"四大检察"全面协调充分发展，通过检察履职最大限度推动家庭保护、学校保护、社会保护、网络保护、政府保护落地见效，努力实现"1＋5＞6＝实"。①

一是加强对学校保护的监督。落实《检察官担任法治副校长工作规定》，宣讲"两法"，督促教育部门和学校在防治学生欺凌、预防性侵害等方面认真履职，建立保障学生安全、预防性侵害制度，增强校园安全建设，及时消除安全隐患，加强法治宣讲力度，切实提升学生自护意识和自救能力，更好保障在校学生健康成长。

二是促进家庭保护。落实家庭教育促进法，依法开展家庭教育指导，确保未成年人得到有效监护。针对案件中反映出的监护不力问题，通过督促监护令等方式，督促监护人依法履职。对于监护人严重侵害被监护人的，依法剥夺监护人的监护资格，在尊重被害人意愿的基础上，确定适格监护人。

三是加强对网络环境的监督。当前，网络成为性侵害未成人的常见手段，《"女童保护"报告》显示，2021年通过网络发生性侵害儿

---

① 最高人民检察院《未成年人检察工作白皮书（2021）》。

童案件在案例总数中占比7.62%。网上不良信息也对未成年人的行为、思想产生不良影响，未成年人网络犯罪愈加突出[①]。对此，要严格落实"两法"关于网络保护的相关规定，营造未成年人健康成长的良好网络环境。通过公益诉讼、检察建议等方式，促进网信、公安等相关职能部门加强对网络产品和服务的监督，加强对未成年人的网络保护。

四是加强与政府保护相融合。《新未保法》确立了国家监护的理念，政府在保障未成年人权益上具有重要职责。检察机关要落实关于基层检察机关与民政部门开展未成年人保护深度合作试点工作方面的政策，当家庭监护失灵时，及时向乡镇人民政府、民政等部门发送临时监护建议，第一时间救助困境未成年人，防止因监护缺失出现未成年人被侵害的风险。

五是融入社会保护。落实最高人民检察院《检察机关加强未成年人司法保护八项措施》，按照《未成年人司法社会工作服务规范》标准，提升专业化办案与社会化保护的配合衔接，积极推动社会组织向未成年被害人提供身心康复、复学就业等多元综合救助，逐步建立司法借助社会专业力量的长效机制。

[①] 宋英辉、苑宁宁等：《未成年人保护犯罪预防问题专题研究》，中国检察出版社2020年版，第293—295页。

调查研究

2019—2021年吉林市检察机关办理未成年人犯罪案件情况分析报告

袁喜丽　赵　雪*

加强未成年人司法保护、促进未成年人健康成长，是检察机关义不容辞的政治责任、法治责任和检察责任。近年来，吉林地区未成年人犯罪数量有所上升，本文通过认真梳理2019—2021年吉林市两级检察机关办理未成年人犯罪案件的业务数据，对辖区内未成年人犯罪的主要特征及成因进行分析，并提出对策建议，以期能为更实促进对未成年人犯罪的治罪与治理并重提供有益参考。

一、未成年人犯罪总体情况及趋势

（一）未成年人犯罪人数呈逐年上升趋势

2019—2021年，吉林市两级检察机关受理审查起诉未成年犯罪嫌疑人数分别为99人、126人、202人，2020年和2021年受理的未成年犯罪嫌疑人审查起诉人数同比分别上升27.3%、60.3%。同期，吉林市两级检察机关受理的审查起诉案件总数同比变化情况为：2020年下降13.6%，2021年上升43.7%。从受案数量看，未成年人犯罪数量整体呈上升趋势，且近两年增长率均高于全部刑事案件

---

* 袁喜丽，吉林省吉林市昌邑区人民检察院综合业务部主任；赵雪，吉林省吉林市人民检察院案件管理部助理。

（二）未成年人犯罪区域分布与各地刑事案件数正相关性较强

从地域分布看，未成年犯罪人数量排前三位的区域分别是昌邑区 105 件、舒兰市 64 件和桦甸市 58 件，三个地区刑事案件数在全市分别排名第一、第三和第五位。整体而言，未成年人犯罪数地区分布与各辖区刑事案件数相关度较高，与人口数相关性不明显（具体数据详见表1①）。昌邑区、舒兰市、高新区和桦甸市的未成年人犯罪占比高于辖区人口占比和刑事案件占比，未成年人犯罪案件发案率偏高。吉林市市内四区及高新区未成年人犯罪数量占比 52.2%，略高于市区外的五个县（市）的占比 47.8%。

表1 2019—2021 年吉林市各区县（市）未成年人犯罪数量与辖区人口数、案件数分布情况

区县（市）名称	受理审查起诉未成年人犯罪人数	占全市受理审查起诉未成年人数比例	各区人口（万人）	占全市人口比例	受理审查起诉总人数	占全市审查起诉受理总人数比例
昌邑	105	24.5%	58.2	17.3%	4736	21.9%
船营	45	10.5%	46.5	13.8%	3562	16.5%
龙潭	30	7.0%	37.2	11.1%	1895	8.8%
丰满	12	2.8%	25.9	7.7%	1597	7.4%
高新	32	7.5%	16.2	4.8%	740	3.4%
磐石	30	7.0%	37.0	11.0%	1397	6.5%
桦甸	58	13.5%	34.1	10.1%	2172	10.0%
蛟河	32	7.5%	32.9	9.8%	2118	9.8%
舒兰	64	14.9%	23.9	7.1%	2104	9.7%
永吉	21	4.9%	24.3	7.2%	1337	6.2%

---

① 因统计周期内的一段时期吉林地区未成年人案件由船营区人民检察院集中管辖，为客观反映未成年人地区分布情况，此表中"受理审查起诉未成年人犯罪人数"按照侦查机关所属地统计。昌邑区、高新区、桦甸市、舒兰市未成年人犯罪占比高于辖区人口占比和刑事案件占比。

二、未成年人犯罪案件主要特征分析

（一）涉嫌罪名较为集中，5类主要犯罪占比超7成

2019—2021年，吉林市两级检察机关受理审查起诉未成年犯罪嫌疑人共计427人，人数居前五位的罪名分别是聚众斗殴罪154人、故意伤害罪50人、盗窃罪50人、抢劫罪48人、强奸罪32人，五类犯罪人数共计334人，占比高达78.2%。

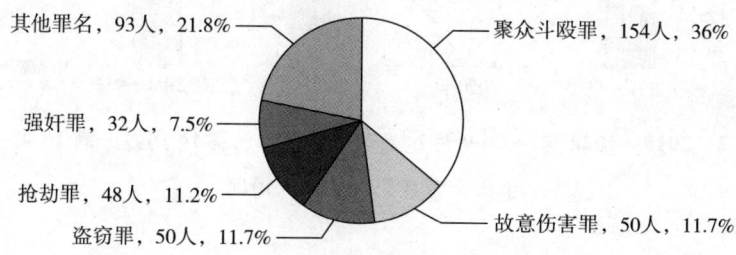

图1　2019—2021年受理审查起诉未成年人犯罪主要罪名分布情况

（二）未成年人暴力犯罪与侵财类犯罪始终占比较高

2019—2021年，吉林市两级检察机关每年受理审查起诉未成年人实施的暴力性特征明显的犯罪①人数分别为75人、79人、131人，占未成年人犯罪总人数的比例分别为75.7%、62.6%、64.9%。每年受理未成年人实施的侵犯财产类犯罪②人数分别为33人、47人、44人，占未成年人犯罪总人数的比例分别为33.3%、37.3%、21.7%。

（三）年龄聚集特征明显，低龄未成年人犯罪有所增加

2019—2021年，吉林市两级检察机关受理审查起诉犯罪嫌疑人中，16周岁的人员占比29.5%，17周岁的人员占比63.9%，该年

---

① 主要涉嫌故意伤害、强奸、抢劫、聚众斗殴等罪名。
② 主要涉嫌盗窃、抢劫、诈骗等罪名。

龄段是未成年人犯罪的"主力军"。每年受理的已满14周岁未满16周岁的低龄未成年犯罪嫌疑人数分别为9人、1人、16人，分别占未成年人犯罪总人数的9.1%、0.8%、7.9%，2022年1—9月，低龄未成年犯罪嫌疑人数占比为6.3%，近两年低龄未成年人犯罪有上升的苗头。

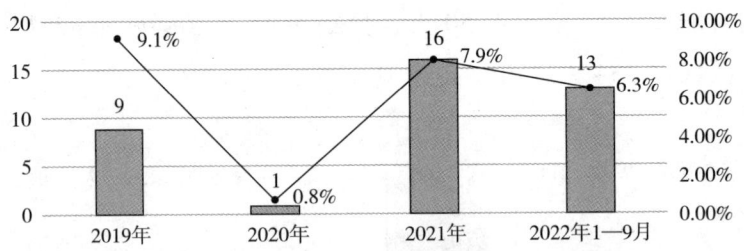

图2 2019—2022年（1—9月）受理审查起诉已满14周岁未满16周岁低龄未成年犯罪嫌疑人情况

（四）未在学校就读的未成年人犯罪占比较高

2019—2021年，吉林市两级检察机关受理的审查起诉未成年犯罪嫌疑人中，无业人员279人，占比65.3%；在校学生141人，占比32.9%，其中职业技术学校在读学生103人，占在校学生犯罪总人数的73.1%；普通高中在读学生38人，占在校学生犯罪总人数的26.9%。

（五）未成年人重新犯罪率有所下降

2019—2021年，吉林市检察机关受理审查起诉未成年犯罪嫌疑人中，曾受过刑事处罚的人员分别占2.01%、7.94%、2.97%，2022年1—9月，该比例微升至3.4%。未成年人重新犯罪率自2021年以来有所下降并趋于平稳，同期，未成年人犯罪帮教率从2019年的12.3%攀升至2021年的150.8%，反映出对涉罪未成年人的教育挽救措施取得一定成效。

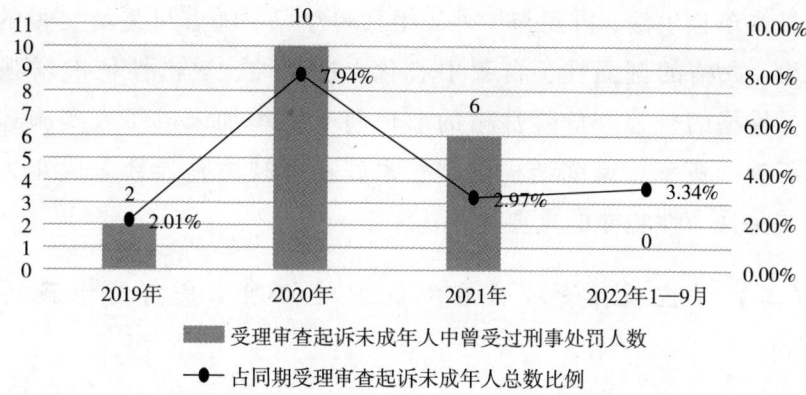

图3 2019—2021年（1—9月）未成年人重新犯罪情况

三、未成年人犯罪主要原因探析

深入分析未成年人犯罪的成因，是有效预防未成年人犯罪的前提。从数据及案例抽样分析看，未成年人犯罪是家庭、学校、社会等多种因素综合作用的结果。

（一）原生家庭结构破裂或者监护功能缺失，导致未成年人形成易犯罪的危险性格

未成年人犯罪案件中，单亲监护或者由祖父母、外祖父母或其他亲属监护的人员占比约为20%。但从案件抽样情况发现①，名义上为父母监护的未成年犯罪嫌疑人中，有接近42%的人员实际是与祖父母或者其他亲属共同生活。祖父母、外祖父母因年龄较大难以承担对未成年人的管教职责，离异后又再婚的家庭对继子女存在疏于管教的情形。个别案件的社会调查报告显示，直到审查起诉阶段未成年犯罪嫌疑人父母依然拒绝作为法定代理人到场，这些未成年人名义上有监护人，实际上基本处于无人监护的状态。监护缺失也意味

---

① 调研采样50人，以未成年人犯罪共427人计算，采样率为11.7%。

着家庭关爱的缺失。有关研究表明，从儿时与父母共同生活，到与父亲或母亲单独生活，再到与（外）祖父母生活，随着母爱与父爱的逐渐减少，人格的倔强性、自我中心化、冲动性、攻击性依次增强[1]。行为是性格的外显，危险性格的形成将大大增加未成年人实施违法犯罪行为的概率。家庭结构破裂、家庭功能缺失是导致未成年人犯罪尤其是暴力性犯罪的重要原因。

（二）学校教育管理存在漏洞，对初期不良行为干预矫治不及时

多数未成年人在犯罪之前已有诸多不良行为的先兆。以犯罪较为多发的中等职业技术学校学生为例，与社会上具有不良习性人员的不当交往是导致其犯罪的重要原因，例如，石某某、齐某某等8人聚众斗殴案中，斗殴的起因即为石某某辱骂齐某某在社会上结识的"大哥"；王某甲、王某乙聚众斗殴案中，多名同案犯为社会上已成年的无业人员且曾因盗窃、诈骗被行政拘留。这些与社会上具有不良习性的人员频繁交往的学生，多数存在旷课、逃学、饮酒、沉迷网络、夜不归宿等不良习性，学校若不能及时发现苗头性问题或者发现后没有进行严格管理、及时干预，这些不良行为则可能发展为犯罪行为。

（三）治安处罚后矫治教育不到位，未成年人违法犯罪成本低

从案件抽样发现，相当一部分未成年犯罪嫌疑人在犯罪之前已有治安处罚记录，由于其行为时未满16周岁，公安机关虽作出行政拘留决定但并不执行。对于这些已经出现严重不良行为、处于犯罪临界点的未成年人，公安机关"一罚了之"，没有协同有关单位采取有针对性的矫治措施，客观上强化了未成年人"违法不需承担责任"

---

① 赵晓风：《心理问题与青少年违法犯罪——以未成年男犯调查研究为例》，载《预防青少年犯罪研究》2013年第5期。

的侥幸心理，也是其最终走上犯罪道路的重要原因。例如，唐某某、高某某等3人抢劫案中，有两名犯罪嫌疑人曾经因无故殴打他人被行政拘留，因未满16周岁而未执行行政拘留，该2人在被处以行政拘留后不到1年时间内又实施抢劫犯罪。可见，先前的治安处罚没有起到很好的教育和挽救效果。

（四）辍学后就业能力不足、缺乏稳定收入来源是部分犯罪的直接诱因

除学生外，"无业"是未成年犯罪嫌疑人的共同标签。古人云："无恒产，因无恒心。苟无恒心，放辟邪侈，无不为已。"未成年人犯罪案件中，约有2/3的犯罪嫌疑人为16—17周岁的无业人员，这部分人虽然已达到法定劳动年龄，但由于文化水平较低，没有接受职业教育或职业技能培训，难以找到合适的就业机会，极易因利益诱惑实施抢劫、诈骗等财产犯罪，或者因拉帮结派、逞强好胜而聚众斗殴，最终走上违法犯罪的道路。

四、预防未成年人犯罪的对策及建议

从以上数据来看，近年来吉林市未成年人犯罪虽然总体数量不多，但较高的增幅也表明形势不容乐观，预防未成年人犯罪依然任重道远。预防未成年人犯罪必须坚持问题导向，以"治未病"的理念推动系统性前端治理。

（一）配强基层组织力量，推动监护干预节点前移

从未成年人犯罪案件看，监护缺失具有长期性的突出特点，有必要推动监护干预的时间节点从检察环节进一步向前推移。未成年人保护法将指导、帮助和监督监护人履行监护职责的义务赋予居民委员会、村民委员会，实践中，受人员力量所限，基层组织履职状况并不理想。从源头上织密未成年人保护的防护网，必须加强居民委

员会、村民委员会未成年人保护工作专职人员配备，常态化做好监护缺失未成年人的排查、登记、报告、指导、监督工作，建立监护缺失早期预警机制。同时，应当增强监护干预措施的刚性，监护干预不能止于"责令接受家庭教育指导"。对指导效果应当跟踪、回访、评估，对于经指导后仍不能较好履行监护职责的，可以联合民政部门落实临时监护措施，劝其将监护职责另行委托他人，或者直接申请法院撤销监护资格后指定监护，帮助未成年人及时摆脱监护困境。

（二）发挥师生比优势，提升职校教育管理质量

与普通中学相比，当前职业技术学校的生源较为复杂，教育管理的难度更大，这也是其犯罪率较高的原因之一。但是，职校管理也存在自身的优势：统计数据显示，吉林市中等职业技术学校的师生比约为1∶6.26，明显高于普通高中的师生比1∶8.56，也显著高于全国中等职业技术学校的师生比1∶19.41[①]。从师生比看，当前吉林市一个职校专任教师仅负担6个学生，师资力量非常充足。职业技术学校可以充分发挥教师数量优势，从入学开始建立包含监护人、家庭教育、行为习惯、心理健康等情况的学生基本信息档案，通过全面摸排对学生分类管理、因材施教。对家庭教育状况不理想、心理健康状况欠佳或者已有不良行为史的学生，可以建立"师生结对"承包式帮教机制，密切关注学生日常行为，重点监测校园欺凌、与校外人员不当交往、参加违法团伙等不良行为，坚决阻隔社会不良风气对在校学生的入侵，建立不良行为早期干预机制，预防行为异常问题发展为违法犯罪行为。

（三）加强就业指导帮扶，稳定未成年重点人群就业

提高就业率和就业质量是减少未成年人犯罪社会面诱发因素的根

---

① 数据来源于国家统计局官网——中国统计年鉴。

本之道。一是构建更加完善的职业技能培训体系。教育主管部门应当实时掌握本辖区内初中辍学或者毕业后未继续接受教育的未成年人情况,特别是已经达到法定劳动年龄的未成年人的就业情况,对这类就业困难的重点人群开展有针对性的职业技能培训。二是要优化职业教育供给结构,完善紧密对接产业链、创新链的专业体系设置,培养市场紧缺的专业化人才,切实解决结构性失业问题。三是搭建就业信息共享平台。教育、人社和劳动保障部门联合统筹搭建校企就业信息共享平台,定期研判就业意向和用工需求,解决因信息不畅导致的就业障碍,实现高效、精准就业帮扶。

(四)加强专门矫治教育,完善对不良行为的临界预防机制

政府应当加强专门学校建设,为未成年人教育矫治提供合适的场所。公安机关发现未成年人实施违反治安管理处罚法的严重不良行为时,可以会同教育行政部门对未成年人个人及家庭情况进行全面评估,制订个性化矫治方案。一般情况下,可以由公安机关直接采取训诫、责令具结悔过、参加社会服务活动等适当的矫治教育措施。不良行为情节严重或者经一般教育矫治后效果不佳的,应当送入专门学校接受专门教育,以便帮助其尽快重新回归正常生活。

(五)拓展法治教育宣传范围,推动法治校园建设全覆盖

目前吉林地区职业技术学校种类繁多、主管单位级别各异,以市属或省属的居多。基层司法机关的法治教育宣传往往局限于本辖区教育部门主管的中小学校,对上级政府部门主管的职业技术学校的法治教育宣传覆盖面不足。针对职业技术学校未成年人犯罪较为多发的现状,政府主管部门应当加强对职业技术学校法治宣传教育的统筹管理,主动争取当地党委、政法委的支持,联合司法机关发挥专业优势、以案说法优势,积极参与职业技术学校的校园安全治理。

最有利于未成年人原则
在未检家庭教育指导工作中的贯彻研究

广东省广州市人民检察院课题组*

家庭教育促进法明确了检察机关应根据情况责令涉案未成年人的父母或者其他监护人接受家庭教育指导，而"最有利于未成年人原则"作为未成年人保护工作的"帝王原则"，应当成为检察机关开展家庭教育指导工作的根本遵循。

一、检察机关在涉案未成年人家庭教育指导中的定位

涉未成年人刑事案件往往暴露出前端家庭保护不力的问题。课题组随机抽取本市办理的100个涉未成年人刑事案件进行分析，发现涉案家庭普遍存在亲子关系紧张、教育理念落后、教育方式不当等问题。对此，检察机关应下大力气解决家庭监护的问题，才能使司法保护有效地向前端辐射，实现前置性保护。

但检察机关开展涉案未成年人家庭教育指导工作，并非指由检察官直接向未成年人的父母或其他监护人提供家庭教育指导服务。检察机关在其中的定位应从以下几个维度把握。第一，检察机关是家

---

* 课题负责人：刘建军，广东省广州市人民检察院党组成员、副检察长。课题组成员：何彧民，广东省广州市人民检察院第六检察部主任；林鹏，广东省广州市人民检察院第七检察部副主任；罗静文，广东省广州市花都区人民检察院派驻东区检察室副主任；陈小敏，广东省广州市番禺区人民检察院第六检察部副主任；苏伊凡，广东省广州市越秀区人民检察院第六检察部员额检察官。

庭教育指导线索的发现者。检察官对案件情况掌握最为全面，通过分析犯罪成因可有效发现家庭教育中存在的问题，判断是否需要开展家庭教育指导。第二，检察机关是家庭教育指导程序的启动者。检察机关在办案中通过开展社会调查和监护状况评估，发现确有必要接受家庭教育指导的，能够及时启动家庭教育指导程序。第三，检察机关是家庭教育社会服务资源的引入者。依托未检工作社会支持体系，检察机关能够引入多元专业的社会服务力量提供家庭指导服务。第四，检察机关还是家庭教育指导活动的监督者。作为"责令接受家庭教育指导"的处分主体，检察机关既要监督监护人依照工作方案接受家庭教育指导，也要监督社会服务主体全面执行家庭教育指导方案，确保指导工作的刚性和有效性。

二、最有利于未成年人原则视角下的涉案未成年人家庭教育指导

目前涉案未成年人家庭教育指导工作才刚刚起步，还存在不少现实问题：一是家庭教育指导针对性不足，忽视未成年子女的重要参与地位，进而难以在全面掌握问题的基础上对症下药。二是家庭教育指导长效性不足，配套的监督机制、效果评估机制尚未健全，易使接受家庭教育指导成为涉案未成年人监护人的一项短期任务。三是家庭教育指导刚性不足，检察机关的约束措施强制性有限，"软法亦法"的司法转化不到位。

对此，检察机关应当在准确把握"最有利于未成年人原则"核心要义的基础上，充分发挥该原则在家庭教育指导工作中的引领作用。

一是从未成年人权利主体地位的视角厘清家庭教育指导的对象范围。家庭教育指导的最终目的是促进未成年人身心健康成长，而未成年人并非是单向的、被动的受教育者，其在成长过程中与家庭成员的相互影响是家庭教育中不可忽视的重要因素。因此，家庭教育

指导对象中应包括未成年人。家庭教育应该被视为家庭成员之间互相进行的教育。①

二是从保障参与权的视角加强未成年人在家庭教育指导中的良性互动。未成年人对家庭教育的质量、效果有着最直接的发言权，其通过表达感受、反馈意见、与监护人互动等形式充分参与，既有利于充分了解家庭教育存在的问题及原因，又有利于实时掌握家庭教育指导的成效。因此，家庭教育指导的各个环节均应认真听取未成年人的意见，保障未成年人的知情权、参与权、表达意见权。

三是从适应未成年人身心发展特点的视角细化家庭教育的分类指导。未成年人处于一个不断变化、发展的成长过程，必须将未成年人身心发展特点和长远发展作为家庭教育指导中一个重要的考量因素，创设适合未成年人成长的必要条件和生活场景，强化家庭教育指导效果的长期跟踪，克服当前家庭教育指导长效性不足的缺陷。

四是从权益衡平的视角提升强制家庭教育指导的刚性。实践中监护人怠于配合家庭教育指导的问题实际折射了成年人利益与未成年人利益的冲突。但未成年人的健康成长有利于家庭的幸福和谐，故从长远来看，两者又具有一致性。因此要善于运用最有利于未成年人原则引导监护人在利益冲突之间寻找"最大、最优利益"，为责令接受家庭教育指导的刚性提供更具司法温度的法理支撑。

三、涉案未成年人家庭教育指导工作的程序思考

家庭教育指导工作的启动应以必要、合乎比例、合理为原则，基本流程可设置为首次评估、二次评估、施策与结案四个阶段。首次评估，是指检察官在发现家庭教育可能存在问题后，通过面谈、量表测评等方式对启动家庭教育指导的必要性进行初步判断。二次评

---

① 张生、陈丹、苏梅等：《流动儿童家庭教育研究现状与对策》，载《中国特殊教育》2017年第7期。

估,是指经首次评估认为存在家庭教育指导必要的,检察官委托社会服务机构开展家庭监护能力评估,对监护人监护质量、监护能力等维度多个指标进行专业评估,既是对启动家庭教育指导必要性的进一步确认,也为下一阶段的具体施策提供参照依据。施策阶段,主要指制订家庭教育指导工作方案,并围绕方案开始具体执行,是家庭教育指导工作的主体部分。结案阶段,主要是指导效果评估与跟踪回访,检验并巩固家庭教育指导的成效。

四、涉案未成年人家庭教育指导工作的方法实践

针对不同的未成年人及其家庭的不同诉求,检察机关在实践中积极实践参与式、包裹式、菜单式等个性化的家庭教育指导模式,不断提升家庭教育指导的实效。

参与式家庭教育指导侧重创造多向互动的环境,引导监护人与未成年子女共同参与到家庭教育指导的过程中,具体方式主要有家庭会议、亲子论坛、艺术治疗等。如针对民主型教养环境欠缺的家庭安排"家庭会议"实践,建立家庭成员间平等和谐的沟通方式,促进彼此理解、提升家庭凝聚力。

包裹式家庭教育指导侧重通过改善家庭整体生态环境来实现家庭教育质量的提升,由指导者在家庭教育指导过程中,以促进未成年人的健康成长为中心统筹一套包含多种项目的服务,以满足对象家庭的多元需求。如在多子女家庭采用"平行个案管理"的方法,协调心理、社区等多种资源作用于不同的家庭成员,使指导成效惠及涉案未成年人以外的其他子女。

菜单式家庭教育指导侧重发挥对象家庭的自主性,提供对策"菜单"供指导对象选择,提升施策针对性及对象的接受度。如针对某家庭沟通不畅的问题制订包含多种措施的菜单,家庭成员经商议后决定选择"家庭信箱"措施,较之被动接受的措施,该项措施执行力度及成效显著提升。

五、涉案未成年人家庭教育指导工作的保障措施

涉案未成年人家庭教育指导的保障措施主要包括家庭教育指导监督机制和效果评估机制。

家庭教育指导监督机制涵盖对监护人和社会服务主体的监督。对怠于接受家庭教育指导的监护人，除劝诫、训诫之外，必要时可建议公安机关予以行政处罚，还可探索纳入失信人名单、建立村居或社区联合监督机制，通过减损收益或增加社区服务等方式督促监护人自觉履职。对社会服务主体的监督贯穿于指导方案的制订和执行，如发现社会服务主体未按方案开展工作或怠于履职的，检察机关应予督促，必要时更换服务人员。

家庭教育指导工作效果评估机制包括案内评估和案外评估机制。案内评估是由指导者对家庭监护能力的改善情况进行评估，分析是否达到可如期结案的标准。如案内评估结果欠佳，检察官应要求社会服务主体及时调整家庭教育指导方案或决定延长指导周期。案外评估是指经案内评估后拟如期结案的，由检察官交由第三方评估人员对社会服务成效及服务主体的履职情况出具评估意见。检察机关通过案外评估结果的掌握和积累，有利于逐步建立起涉案未成年人家庭教育指导服务标准，助推服务质量的不断提升，最大限度实现促进未成年人健康成长的最终目标。

案例分析

三级检察机关"零容忍"接力抗诉纠偏不当裁判理念与规则

——谢某跃强奸案

林小云　洪惠阳　李津津*

【关键词】

性侵犯罪　审判监督　接力抗诉　裁判理念　裁判规则

【要旨】

检察机关办理性侵未成年人案件，在事实清楚，证据确实、充分的前提下，要坚持理念先行。性侵未成年人犯罪严重损害未成年人身心健康，严重违背社会伦理道德，应坚持"零容忍"的司法理念，依法从严从重予以惩处。对于裁判理念和裁判规则出现偏差导致量刑失当的性侵未成年人案件，坚持开展审判监督，通过三级检察机关一体履职、接力抗诉，形成监督合力。以个案改判促推检法两家对办理性侵未成年人案件裁判理念、裁判规则形成共识，发挥法律职业共同体作用，达到办案三个效果相统一。

---

* 林小云，福建省人民检察院第九检察部四级高级检察官；洪惠阳，福建省人民检察院第九检察部三级高级检察官；李津津，福建省厦门市人民检察院第九检察部四级高级检察官。

【基本案情】

被告人谢某跃与被害人李某（2006年10月16日出生）系继父女关系，长期共同生活。2018年夏季至2019年5月，谢某跃在其暂住处内，先后4次对李某实施性侵害。其中第一次系2018年夏季的一个周日，谢某跃欲与被害人李某发生性关系，遂到李某卧室，先用手指抠摸和捅插李某阴部，后见李某阴部出血，未继续实施性侵害。2019年春节前后，谢某跃在其妻吴某在家的情况下，分别在暂住处厕所、卧室对李某实施性侵害。第四次系2019年5月8日凌晨2时，谢某跃在卧室对李某实施性侵害时被妻子吴某当场发现。次日李某在吴某的带领下到公安机关报案，后谢某跃被抓获归案。经厦门市仙岳医院司法鉴定所鉴定，被害人李某患有"轻度精神发育迟滞"。

2019年7月29日厦门市同安区人民检察院对谢某跃强奸案提起公诉。同年10月28日，同安区人民法院作出一审判决，以强奸罪判处谢某跃有期徒刑5年3个月。厦门市同安区人民检察院经审查，认为判决量刑畸轻，于2019年11月5日提出抗诉，厦门市人民检察院支持抗诉。2020年6月8日，厦门市中级人民法院以原判并无明显不当为由裁定驳回抗诉，维持原判。同年9月2日，厦门市人民检察院提请福建省人民检察院按照审判监督程序对该案提出抗诉。2021年5月11日，福建省人民检察院以裁判理念存在偏差、裁判规则适用不当作为两大抗点，向福建省高级人民法院提交书面抗诉意见并出庭抗诉。2022年9月27日，福建省高级人民法院采纳抗诉意见，撤销该案原一、二审判决，判处谢某跃有期徒刑7年9个月。

本案历经一审公诉、二审抗诉、再审抗诉三个阶段，历时3年有余，省市两级院检察长在二审和再审阶段分别列席审委会会议发表意见，最终福建省高级人民院支持福建省人民检察院抗诉意见并予以改判，改判刑期增加2年6个月，增加量刑幅度近50%，是三级检察机关一体履职、形成监督合力、强化审判监督的成功范例。

【抗诉理由】

第一，性侵幼女案件中就低确定量刑起点，属于明显不当。2017年最高人民法院《关于常见犯罪的量刑指导意见》（以下简称《量刑指导意见》）规定，对于奸淫幼女一人的，可在四年到七年有期徒刑内确定量刑起点。根据司法实践，在确定量刑起点时，一般情形的奸淫幼女犯罪可以在4—7年幅度的中位线附近进行选择，主要是对被告人主观恶性和社会危险性进行综合评价，从本案谢某跃实施强奸的时间、地点、程度、手段、频次、犯罪后果来看，存在多次强奸、强奸精神智力发育迟滞未成年人等4个从重情节，其主观恶性和社会危害性远高于一般类案，应选择高于中位线66个月的起刑点，但原审判决却以54个月（4年半）作为起刑点，仅比最低起刑点（4年）多半年，远低于该地区办理的一般类案起刑点，属于就低确定量刑起点，直接拉低了整个量刑的基础，与严厉打击性侵未成年人犯罪的司法理念及"两高"系列指导意见和典型案例所体现的该类犯罪零容忍的立场相背离，属明显不当。

第二，用单起强奸中止情节调整全案基准刑，属于评价过度。首先，原审判决书载明被告人谢某跃"在实施第一起强奸犯罪过程中，自动放弃继续犯罪，系犯罪中止，对该起犯罪依法可以从轻处罚"，但实际上本案的第一起犯罪事实并非符合立法本意的犯罪中止行为，其对量刑的调整应十分有限。一是被告人行为客观上造成危害后果，谢某跃第一次实施犯罪时的抠摸行为造成被害人下体流血的后果与插入型强奸既遂危害性相当。二是被告人主观上放弃犯罪的自愿性与彻底性有争议。即便认定第一次强奸为犯罪中止，但在之后不到半年的时间内又接连实施了3次强奸犯罪，属于多次连续性犯罪，且侵害程度越来越深，其犯罪中止的自愿性和彻底性无从体现，与典型意义上的犯罪中止有着相当差距，显然不适宜作同一评价，也与刑法奖励中止犯悬崖勒马减轻处罚的的立法本意相悖。因此，第一起犯罪事实的中止情节对整体量刑的影响应当控制在很小的范围内。而原审法院没有充分考虑单起犯罪事实的中止与多起犯罪事实中单起中止情节对整体量刑的影响应有较大区别,仍按10%的比例对基准刑进行了过高折减,导致实际上扩大了单起中止情节对整体量刑的影响。其次,根据《量刑指导意见》规定的调整基准刑办法,对于具有多个量刑情节的,一般根据各个量刑情节的调节比例,采用同向相加、逆向相减的方法调节基准刑;具有未成年人犯罪……犯罪中止、从犯等量刑情节的,先适用该量刑情节对基准刑进行调节,在此基础上,再适用其他量刑情节进行调节。对此,福建省高级法院《〈关于常见犯罪的量刑指导意见〉实施细则》(以下简称《实施细则》)进一步明确,具有未成年人犯罪……犯罪中止、从犯等量刑情节的,采用连乘的方法先适用该量刑情节对基准刑进行调节,在此基础上对其他量刑情节采用同向相加、逆向相减的方法确定调节比例后,再次进行调节。原审判决正是基于《实施细则》中把犯罪中止作为调整基准刑的连乘项而非加减项,机械、简单地适用中止情节,以"一起中止即调整确定全案基准刑"的量刑方式,按"中止犯"对全案4起犯罪减少10%的基准刑,进一步放大了全案量刑错误,导致出现了罪刑不相适应的问题。以本案为例,谢某跃实施一起中止加三起既遂的犯罪行为在罪责上比只实施三起既遂要重,但依原审法院的量刑方式——基于中止情节导致基准刑要乘以小于1的扣减后比例,导致出现"四起犯罪事实比三起判得还轻"即"3+1<3"的罪刑倒挂矛盾,在量刑逻辑上无法自洽。

第三,多种量刑情节未予充分评价,属于裁判理念偏差。本案影响量刑的法定情节包括:①4起强奸行为,一起中止、三起既遂;②被害人系不满14周岁的幼女;③被告人坦白和认罪。酌定情节均是从重情节,包括:①被告人系与未成年人有共同家庭生活关系的人员;②被害人第一次被强奸时不满12周岁;③被害人属于精神智力发育迟滞的未成年人;④多次强奸。根据案发后的心理评估报告可以看出，被害人对谢某跃产生一定程度的恐惧，在较长时间内处于消极、沉闷、抑郁及睡眠不佳状态，表现出创伤后应激障碍，可以证实谢某跃的性侵行为对被害人造成了较为严重的心理创伤。综合本案的事实和情节，应依法对原审被告人谢某跃予以严惩。但原审法院对其主观恶性和社会危害性及本案的多个从重情节未予充分评价，导致宣告刑偏轻，仅判处5年3个月有期徒刑。虽然本案发生在《刑法修正案（十一）》出台之前，就彼时司法实践而言，不属于量刑畸轻案件，但对比同期该地区同类案件的生效裁判，仍可看出对谢某跃量刑明显失衡，罚不当其罪，影响了裁判尺度的统一。究其根本，仍在于未充分理解严惩性侵未成年人案件的立法本意，未能按照"零容忍"打击性侵未成年人犯罪的司法政策，转变裁判理念，严厉打击性侵未成年人特别是性侵幼女案件，导致该案的裁判不符合当前未成年人司法保护刑事政策理念，未能达到办案"三个效果"的有机统一。

【典型意义】

第一，强化严厉惩处性侵未成年人犯罪的司法理念。近年来，从党中央对未成年人保护工作的重视，到司法解释和具体案例对工作的指引乃至立法的修改，都体现了对性侵未成年人案件从严从重打击的理念。通过本案的抗诉及改判，不仅推动检法两家达成对性侵未成年人案件严厉打击的共识，更是要求司法机关在办案时要从量刑起点的确定、基准刑的计算和宣告刑的调整上一以贯之的贯彻此理念。同时也通过具体案件的办理向社会传达依法严惩性侵未成年人犯罪的司法理念，努力达到"办理一案，影响一片"的效果。

第二，充分发挥检察机关一体履职接续监督的优势。上级院在审查下级院提请抗诉的案件时，要进行全面综合的审查判断。在案件事实认定清楚、证据确实充分的基础上，对于贯彻司法理念不到位，运用裁判规则不精准，导致法律适用不准确，出现量刑失当的问题，上级院要坚定支持下级院，敢于监督、善于监督。充分发挥检察机关一体化接续监督的优势，运用提请抗诉、提出抗诉等监督手段，力求通过具体案件的办理传导检察机关强化法律监督的决心和态度，进一步提升司法机关对司法理念的重视。

第三，加强对审判机关量刑规则适用监督。司法机关在具体办案过程中，要从量刑起点的确定、基准刑的计算和宣告刑的调整上，体现依法严厉打击性侵未成年人犯罪的理念导向。首先，在量刑起点的确定上要在《量刑指导意见》规定的量刑幅度内充分考虑刑事政策，结合当前党和国家对此类犯罪打击的态度确定量刑起点。其次，计算基准刑时，在尊重技术规则的前提下要发挥司法办案的主观能动性，综合案件情况，客观、恰当地对量刑情节作出评价，使每个量刑情节对刑期的影响符合其对整个罪行轻重的影响作用。最后，在确定宣告刑时，要综合考虑司法理念及罪责刑的匹配程度，根据《量刑指导意见》规定的幅度和程序对宣告刑进行适当调整，实现罚当其罪。

核准追诉严惩重大犯罪，提出抗诉维护司法公正

——宁波市检察机关办理张某、赵某某抢劫（致人死亡）案经验做法

俞永梅　倪时颖　胡舒雯[*]

【基本案情】

2000年7月26日上午，在家待业的张某、赵某某（均17周岁）经预谋，购买了绳子、刀具等作案工具，在浙江省慈溪市某镇车站附近租用被害人周某某（女，殁年35岁）驾驶的桑塔纳轿车，将其骗至原某水库旁边实施抢劫。在被害人反抗时，2人用绳子勒被害人脖子、手捂被害人口鼻的方法致被害人死亡，劫得现金1000余元、三星牌手机一部、黄金手链一条等财物后逃离现场。慈溪市公安局于同日立案，但多年来一直未能破案。2020年7月，公安机关在刑事侦查工作运用技术手段，比对位于慈溪市某镇的林姓家族男性Y-STR与当年遗留在现场被害人小提包内发票上的血迹，锁定赵某某。2020年8月18日，公安机关抓获赵某某，后又通过赵的供述抓获张某。

---

[*] 俞永梅，浙江省宁波市人民检察院第七检察部主任、三级高级检察官；倪时颖，浙江省慈溪市人民检察院检委会专职委员、四级高级检察官；胡舒雯，浙江省宁波市人民检察院第七检察部四级高级检察官。

【主要做法】

张某、赵某某抢劫案系宁波市近10年来首起涉未成年人核准追诉案件，浙江省三级检察机关高度重视，通过提前介入、引导侦查、报请核准、提出抗诉、化解矛盾等工作，既有力严惩犯罪，又有效维护司法公正，确保实现办案"三个效果"有机统一。主要做法有以下几种。

(一) 补充完善证据，查明旧案事实

案件侦破后，慈溪市人民检察院第一时间提前介入，积极引导公安机关侦查。在案发久远，部分重要证据遗失的情况下，检察官就作案工具准备、作案手段部分细节、法医鉴定报告程序性缺陷等问题提出着重补充侦查要求，并重点强调抓获经过必须详细写明运用DNA检测和Y－STR基因检测技术锁定赵某某的情况，并在对两人批准逮捕后，发送《逮捕案件继续侦查取证意见书》，积极引导公安机关收集补充完善证据链。宁波市人民检察院、浙江省人民检察院承办检察官针对张某、赵某某在作案工具准备、寻找作案目标的地点等细节供述不一致的情况，赴多个现场查看，制作图纸细致研究，尽力排除矛盾点，通过自行补充侦查，逐步完善案件证据体系，为报请核准追诉打下坚实基础。

(二) 充分调查论证，积极争取核准追诉

检察机关通过召开座谈会、实地走访被害人所在地等方式充分听取被害人家属及附近村民的意见，对案件是否在当地仍具有恶劣影响、对被害人家庭的打击以及目前被害人家属的要求、若不核准追诉会否产生新的矛盾等问题进行了充分的调查论证，了解到案件当时对被害人家庭产生灾难性影响，家属强烈要求严惩；且案件曾引起当地较大恐慌，被害方、案发地群众、基层组织等均强烈要求追究犯罪嫌疑人刑事责任。三级检察机关秉持对被害人及其家庭、社会负责的态度，通过检察委员会讨论，一致认为该案属于严重影响社会治安的恶劣犯罪，案件影响大、群众反映强烈、社会关系尚未修复，虽然已经过了追诉期限且系未成年人犯罪，但不追诉可能会严重影响社会稳定或者产生其他严重后果，因此仍具有追诉必要性。另外，本案系两人作案，其中张某因期间被判刑导致诉讼时效中断，可直接起诉，而赵某某却已超过追诉期限，出于对同案犯之间的公平处理，也应追诉。综合上述理由，决定报请最高人民检察院核准追诉。2021年9月22日，最高人民检察院经审查，对赵某某决定核准追诉。

（三）针对一审量刑过重，提出抗诉获得改判

经宁波市人民检察院审查起诉，宁波市中级人民法院于2022年2月9日以2人构成抢劫罪作出一审判决：判处张某无期徒刑，剥夺政治权利终身，并处没收个人全部财产；判处赵某某有期徒刑15年，剥夺政治权利4年，并处罚金人民币1万元。宁波市人民检察院经认真审查，认为该案虽系核准追诉案件，但判决仍须贯彻对未成年人的保护政策，充分考虑被告人的悔罪、赔偿情节等，一审判决在量刑上未考虑上述因素，对张某顶格判罚，对赵某某的判罚也未体现罚当其罪原则，量刑过重，因此向浙江省高级人民院提出抗诉，获得浙江省人民检察院支持。浙江省人民检察院分管副检察长担任办案组组长办理本案，并于2022年9月23日出席法庭支持抗诉，抗诉意见认为原审在具体量刑时未充分考量2被告人作案时系未成年人、认罪悔罪态度好、积极赔偿并取得谅解等多个从轻、减轻情节，属于法律适用错误、量刑不当。浙江省高级人民法院采纳抗诉意见，当庭改判张某有期徒刑15年，剥夺政治权利5年，并处罚金人民币3万元；改判赵某某有期徒刑13年，剥夺政治权利4年，并处罚金人民币1万元。

（四）积极化解矛盾，全过程零舆情风险

本案历时 20 多年才得以侦破，被害人家属多年来承受巨大痛苦。案件侦破后，被害人家属强烈要求严惩凶手。当得知本案因涉及诉讼时效需报请核准追诉时，一度情绪激动，表示难以理解刑法的相关规定，将通过媒体施压。宁波市人民检察院及时邀请被害人的儿子、丈夫和所有同辈亲属到场，对案件证据情况、法律规定、发展趋势等详细说明，情真意切劝说被害人家属相信司法机关；在案件提出抗诉后，浙江省人民检察院、宁波市人民检察院承办人也第一时间与被害人家属沟通，释法说理，获得家属理解。因此，在办理案件的 2 年多的时间里，被害人方均理性、平和表达诉求，整个办案过程未发生舆情风险。办案期间，检察机关通过辩护律师共同说服家属积极赔偿，张某家属在一审、二审期间分别积极赔偿被害人家属 70 万元、30 万元；赵某某家属尽力赔偿共计 15 万余元，且两名被告人均真诚悔过，在庭上表达歉意，获得了被害人近亲属的谅解，较好地化解了社会矛盾。

【办案启示】

第一，检察机关应当在查明案件事实的基础上，对案件性质恶劣、被害人家属意愿强烈，且社会负面影响大的案件犯罪嫌疑人予以追诉，以维护社会和谐稳定、树立司法权威，充分实现追诉时效制度的立法价值。

第二，检察机关既要追诉重大犯罪，也要尊重法律、保护被告人的合法权益，不能因为是核准追诉案件就一味追求从重。在未成年被告人认罪悔罪、赔偿态度较好的情况下，对于未依法适用从轻、减轻情节导致量刑过重的一审判决，依法通过抗诉纠正，促使被告人真心服判。

第三，对于涉及核准追诉、抗诉等多个复杂程序、办案周期长的重大案件，各级检察机关要特别注重对被害人方的安抚工作，通过倾听诉求、释法说理、促成赔偿等方式尽力化解双方矛盾，确保案件顺利办结并获得较好的社会效果。

指导性案例

关于印发最高人民检察院第四十三批指导性案例的通知

高检发办字〔2023〕24号

各省、自治区、直辖市人民检察院，解放军军事检察院，新疆生产建设兵团人民检察院：

经2023年2月1日最高人民检察院第十三届检察委员会第一百一十三次会议决定，现将防止未成年人滥用药物综合司法保护案等四件案例（检例第171—174号）作为第四十三批指导性案例（未成年人综合司法保护主题）发布，供参照适用。

最高人民检察院

2023年2月24日

防止未成年人滥用药物综合司法保护案

（检例第 171 号）

【关键词】

综合履职　附条件不起诉　行政公益诉讼　滥用药物　数字检察

【要旨】

检察机关办理涉未成年人案件，应当统筹发挥多种检察职能，通过一体融合履职，加强未成年人综合司法保护。对有滥用药物问题的涉罪未成年人适用附条件不起诉时，可以细化戒瘾治疗措施，提升精准帮教的效果。针对个案中发现的社会治理问题，充分运用大数据分析，深挖类案线索，推动堵漏建制、源头保护，提升"个案办理—类案监督—系统治理"工作质效。

【基本案情】

被附条件不起诉人杨某某，男，作案时 17 周岁，初中文化，公司文员。

被附条件不起诉人李某某，男，作案时 17 周岁，初中文化，无业。

被附条件不起诉人杜某某，男，作案时 16 周岁，初中文化，在其父的菜场摊位帮工。

被附条件不起诉人何某某，男，作案时 17 周岁，小学文化，无业。

被告人郭某某，男，作案时 17 周岁，初中文化，休学。

被告人张某某，男，作案时 16 周岁，初中文化，无业。

被告人陈某某，男，作案时 16 周岁，初中文化，休学。

2019 年至 2020 年 7 月，杨某某等 7 名未成年人在汪某等成年人（另案处理，已判刑）的纠集下，多次在浙江省湖州市某县实施聚众斗殴、寻衅滋事等违法犯罪活动。经查，杨某某、李某某长期大量服用通过网络购买的氢溴酸右美沙芬（以下简称"右美沙芬"），形成一定程度的药物依赖。"右美沙芬"属于非处方止咳药，具有抑制神经中枢的作用，长期服用会给人带来兴奋刺激，易产生暴躁不安、冲动、醉酒样等成瘾性身体表现，易诱发暴力型犯罪或遭受侵害。该药物具有一定的躯体耐受性，停药后会出现胸闷、头晕等戒断反应。

【检察机关履职过程】

审查起诉和附条件不起诉。2020 年 10 月，浙江省湖州市某县公安局将杨某某等 7 名未成年人分别以涉嫌聚众斗殴、寻衅滋事罪移送审查起诉，某县人民检察院受理后，及时启动社会调查、心理测评等特别程序。经综合评估 7 名未成年人在共同犯罪中的作用及其成长经历、主观恶性、悔罪表现、监护帮教条件、再犯可能性等因素，依法对杨某某、李某某、杜某某、何某某作出附条件不起诉决定。针对杨某某、李某某的暴力行为与长期大量服用"右美沙芬"成瘾相关，检察机关将禁止滥用药物、配合戒瘾治疗作为所附条件之一，引入专业医疗、心理咨询机构对二人进行"右美沙芬"戒断治疗，并阶段性评估和调整帮教措施，使二人的药物依赖问题明显改善。对犯罪情节严重的郭某某、张某某、陈某某等 3 人，依法提起公诉。后人民法院以聚众斗殴罪、寻衅滋事罪数罪并罚，判处郭某某、张某某、陈某某有期徒刑二年至二年三个月不等。

行政公益诉讼。办案期间，某县人民检察院对当地近年来发生的类似刑事案件进行梳理，发现多名涉案未成年人存在"右美沙芬"滥用情况，与未成年人实施犯罪或遭受侵害存在一定关联。在将该情况报告湖州市人民检察院后，湖州市人民检察院在浙江检察大数据法律监督平台上开展数字建模分析，汇总2020年1月起线下线上"右美沙芬"流通数据，集中筛选购买时间间隔短、频次高、数量大的人员，并与检察业务应用系统内的涉案未成年人信息以及公安行政违法案件中的未成年人信息进行数据碰撞，经比对研判后发现，该市46名涉案未成年人有"右美沙芬"滥用史。

经初步调查，当地部分实体、网络药店等违反《中华人民共和国药品管理法》《中华人民共和国药品管理法实施条例》等有关规定，存在部分微商无资质或者违法加价网络销售"右美沙芬"、部分网络平台未设置相关在线药学服务渠道等问题。同时，销售"右美沙芬"未履行用药风险提示和指导用药义务等情况也普遍存在。湖州市市场监督管理局作为承担药品安全监督管理职责的行政部门，未依法全面履行药品经营和流通监督管理职责，导致未成年人可以随意购买"右美沙芬"，危害未成年人身体健康，损害社会公共利益。2021年4月，湖州市人民检察院作为行政公益诉讼立案并开展调查取证工作，将在刑事案件中调取的涉案人员微信聊天记录、手机交易记录等，作为公益诉讼案件证据材料，并固定药物来源、用药反应、用药群体、公益受损事实等关联证据，证实不特定未成年人利益受到损害。

2021年4月25日，湖州市人民检察院向湖州市市场监督管理局发出行政公益诉讼诉前检察建议：一是严格落实监测药品销售实名登记制度，对未成年人购药异常情况予以管控。二是加大"右美沙芬"网络经营流通的监管力度，依法查处非法销售问题。三是对"右美沙芬"成瘾性及安全风险开展测评，推动提升药品管制级别。检察建议发出后，湖州市市场监督管理局采纳检察建议，依法排查销售记录34112条，排查网络销售企业326家，梳理异常购药记录

600余条，查处网络违法售药案件8起，追踪滥用涉案药物人员89名；建立按需销售原则，明确医师的用药指导和安全提示义务；落实实名登记、分级预警等综合治理措施。

促进社会治理。湖州市人民检察院会同当地市场监督管理部门、药学会、药品经营企业代表围绕未成年人滥用药物风险防控深入研讨、凝聚共识，推动湖州市市场监督管理局制发《未成年人药物滥用风险管控实施意见（试行）》，加强对实体、网络药品销售企业的监督管理，健全涉未成年人滥用药物事件应急预警处置机制。浙江省人民检察院对湖州检察机关办案情况加强指导，同时建议浙江省教育厅、市场监督管理局等单位开展涉案药物的交易监测、专项检查、成瘾性研究，自下而上推动国家层面研究调整"右美沙芬"药物管制级别。2021年12月，国家药品监督管理局根据各地上报案件信息和反映情况，将"右美沙芬"口服单方制剂由非处方药转为处方药管理。2022年11月，国家药品监督管理局发布《药品网络销售禁止清单（第一版）》公告，将"右美沙芬"口服单方制剂纳入禁止通过网络零售的药品清单。

【指导意义】

（一）统筹运用多种检察职能，推动完善一体履职、全面保护、统分有序的未检融合履职模式，综合保护未成年人合法权益。检察机关应当充分发挥未检业务集中统一办理优势，强化系统审查意识和综合取证能力，在办理涉未成年人刑事案件过程中，一并审查未成年人相关公共利益等其他权益是否遭受损害。对经审查评估需要同步履行相关法律监督职责的案件，应当依法融合履职，综合运用法律赋予的监督手段，系统维护未成年人合法权益。

（二）附条件不起诉考验期监督管理规定的设定，应当以最有利于教育挽救未成年人为原则，体现帮教考察的个性化、精准性和有效性。检察机关对未成年人作出附条件不起诉决定时，应当考虑涉罪未成年人发案原因和个性需求，细化矫治教育措施。对共同犯罪的未成年人，既要考虑其共性问题，又要考虑每名涉罪未成年人的实际情况和个体特点，设置既有共性又有个性的监督管理规定和帮教措施，并督促落实。对存在滥用药物情形的涉罪未成年人，检察机关应当会同未成年人父母或其他监护人，要求其督促未成年人接受心理疏导和戒断治疗，并将相关情况纳入监督考察范围，提升精准帮教效果，落实附条件不起诉制度的教育矫治功能，帮助涉罪未成年人顺利回归社会。

（三）能动运用大数据分析，提升法律监督质效，做实诉源治理。检察机关要综合研判案件背后的风险因素、类案特质，主动应用数字思维，通过数字建模进行数据分析和比对，深挖药品流通过程中的问题，系统梳理类案监督线索，精准发现案发领域治理漏洞，通过开展公益诉讼等方式实现协同治理，促进有关方面依法履职、加强监管执法，推动从顶层设计上健全制度机制，完善相关领域社会治理，实现办案法律效果和社会效果的有机统一。

【相关规定】

《中华人民共和国刑事诉讼法》（2018年修正）第二百八十三条

《中华人民共和国行政诉讼法》（2017年修正）第二十五条第四款

《中华人民共和国未成年人保护法》（2020年修订）第一百零六条

《中华人民共和国预防未成年人犯罪法》（2020年修订）第四条

《中华人民共和国药品管理法》（2019年修订）第三条、第十一条、第十二条、第五十一条、第五十二条

《中华人民共和国药品管理法实施条例》（2019年修订）第十五条、第十九条、第五十一条

办案检察院：浙江省湖州市人民检察院
浙江省安吉县人民检察院
承办检察官：戴立新　章春燕　竺　炜
案例撰写人：汪　超

阻断性侵犯罪未成年被害人感染艾滋病风险综合司法保护案

（检例第172号）

【关键词】

奸淫幼女　情节恶劣　认罪认罚　艾滋病暴露后预防　检察建议

【要旨】

检察机关办理性侵害未成年人案件，在受邀介入侦查时，应当及时协同做好取证和未成年被害人保护救助工作。对于遭受艾滋病病人或感染者性侵的未成年被害人，应当立即开展艾滋病暴露后预防并进行心理干预、司法救助，最大限度降低犯罪给其造成的危害后果和长期影响。行为人明知自己系艾滋病病人或感染者，奸淫幼女，造成艾滋病传播重大现实风险的，应当认定为奸淫幼女"情节恶劣"。对于犯罪情节恶劣，社会危害严重，主观恶性大的成年人性侵害未成年人案件，即使认罪认罚也不足以从宽处罚的，依法不予从宽。发现类案风险和社会治理漏洞，应当积极推动风险防控和相关

领域制度完善。

【基本案情】

被告人王某某，男，1996年8月出生，2016年6月因犯盗窃罪被刑事拘留，入所体检时确诊为艾滋病病毒感染者，同年10月被依法判处有期徒刑6个月。2017年10月确诊为艾滋病病人，但王某某一直未按县疾病预防控制中心要求接受艾滋病抗病毒治疗。

被告人王某某与被害人林某某（女，案发时13周岁）于案发前一周在奶茶店相识，被害人告诉王某某自己在某中学初一就读，其父母均在外务工，自己跟随奶奶生活。2020年8月25日晚，被告人王某某和朋友曹某某、被害人林某某在奶茶店玩时，王某某提出到林某某家里拿酒喝。21时许，王某某骑摩托车搭乘林某某、曹某某一同前往林某某家，到达林某某所住小区后曹某某有事离开。王某某进入林某某家后产生奸淫之意，明知林某某为初一学生，以扇耳光等暴力手段，强行与林某某发生性关系。当晚林某某报警。次日下午，王某某被抓获归案，但未主动向公安机关供述自己系艾滋病病人的事实。

【检察机关履职过程】

开展保护救助。2020年，四川省某县人民检察院与各镇（街道）政法委员和村（社区）治保委员建立了应急处置、线索收集、协作协同等涉未成年人保护联动机制。2020年8月26日上午，县公安局向县检察院通报有留守儿童在8月25日晚被性侵，县检察院通过联动机制获知该犯罪嫌疑人已被确诊艾滋病。县检察院受邀介入侦查，一方面建议公安机关围绕行为人是否明知自己患有艾滋病、是否明知被害人系不满十四周岁的幼女，以及被害人遭受性侵后身心状况等情况调查取证；另一方面，启动未成年人保护联动应急处置机制，协同公安机关和卫生健康部门对被害人开展艾滋病暴露后预防，指导被害人服用阻断药物。因阻断工作启动及时，取得较好效果，被害人在受到侵害后进行了三次艾滋病病毒抗体检测，均呈阴性。检察机关还会同公安机关全面了解被害人家庭情况，协调镇、村妇联、教育行政部门开展临时生活照料、情绪安抚、心理干预、法律援助、转学复课、家庭教育指导工作，并对被害人开展司法救助。

组织不公开听证。本案审查过程中，对于犯罪嫌疑人王某某的行为已构成强奸罪不存在争议，但对于能否适用《中华人民共和国刑法》第二百三十六条第三款第一项"奸淫幼女情节恶劣"存在认识分歧。为保护被害人隐私，2021年1月13日，县检察院组织召开不公开听证会，听取艾滋病防治专家、法学专家和未成年人保护单位等各方面意见。听证员认为，犯罪嫌疑人已经确诊为艾滋病病人，案发时处于发病期，其体内病毒载量高，传染性极强，给被害人带来了极大的感染风险。犯罪嫌疑人明知自己系艾滋病病人，性侵幼女，严重危及被害人身心健康，其社会危害性与《中华人民共和国刑法》第二百三十六条第三款第二项至五项规定的严重情形具有相当性。经评议，听证员一致认为本案应按照"奸淫幼女情节恶劣"论处。

指控和证明犯罪。某县人民检察院根据案件事实、证据并参考听证意见审查认为，王某某属奸淫幼女"情节恶劣"，决定以强奸罪提起公诉，综合王某某系累犯，以及具有进入未成年人住所、采取暴力手段、对农村留守儿童实施犯罪等司法解释性文件规定的从严惩处情节，提出判处有期徒刑十五年、剥夺政治权利五年的量刑建议。

2021年2月8日，某县人民法院依法不公开开庭审理本案。被告人王某某及其辩护人对检察机关指控的主要犯罪事实、证据无异议，但提出以下辩解及辩护意见：一是被告人的行为没有造成被害人感染艾滋病的后果，不应当认定为奸淫幼女情节恶劣的情形；二是被告人认罪认罚，建议从宽处理。

针对第一条辩解及辩护意见，公诉人答辩指出：本案适用的是

《中华人民共和国刑法》第二百三十六条第三款第一项情节加重，而不是第五项结果加重。本案被告人的行为应当评价为"情节恶劣"，主要理由：一是王某某明知自己患有艾滋病，亦明知自己的行为可能导致的严重危害后果，仍强行与不满14周岁的幼女发生性关系，无视他人的健康权和生命权，其行为主观恶性大。二是不满十四周岁的幼女自我保护能力更弱，是刑法特殊保护对象。本案被害人是只有13周岁的幼女，被艾滋病病人王某某性侵，有可能因感染艾滋病导致身体健康终身受害，被告人王某某的行为造成艾滋病传播重大现实风险，犯罪性质恶劣，社会危害严重。三是虽然被害人目前未检出艾滋病病毒，但危害后果的阻断得益于司法机关和卫生健康部门的及时干预，不能因此减轻被告人的罪责。而且，由于检测窗口期和个体差异的存在，尚不能完全排除被害人感染艾滋病病毒的可能。这种不确定性将长期影响未成年被害人及其家人的生活。因此，应当认定被告人奸淫幼女"情节恶劣"。

针对第二条辩解及辩护意见，公诉人答辩指出：根据《最高人民法院、最高人民检察院、公安部、国家安全部、司法部关于适用认罪认罚从宽制度的指导意见》，被告人认罪认罚后是否从宽，由司法机关根据案件具体情况决定。本案被告人王某某犯罪情节恶劣，社会危害严重，主观恶性大。且王某某系累犯，又有采取暴力手段奸淫幼女、对农村留守儿童实施犯罪等多项从严惩处情节，虽然认罪认罚，但根据其犯罪事实、性质、情节和影响，不属于《中华人民共和国刑事诉讼法》第十五条规定的"可以依法从宽处理"的情形。

处理结果。2021年2月，某县人民法院采纳检察机关的公诉意见和量刑建议，以强奸罪判处王某某有期徒刑十五年，剥夺政治权利五年。判决宣告后，王某某未提出上诉，判决已生效。

制发检察建议。艾滋病病人或感染者性侵害犯罪案件，若不能及时发现和确认犯罪嫌疑人系艾滋病病人或感染者，并立即开展病毒阻断治疗，将给被害人带来感染艾滋病的极大风险。结合本案暴露出的问题，检察机关开展了专项调查，通过调阅本县 2017 年至 2020 年性侵案件犯罪嫌疑人第一次讯问、拘留入所体检等相关材料，以及到卫生健康部门、公安机关走访了解、查阅档案、询问相关人员、听取意见等，查明：按照《艾滋病防治条例》的规定，公安机关对依法拘留的艾滋病病人或感染者应当采取相应的防治措施防止艾滋病传播，卫生健康部门要对建档的艾滋病病人或感染者进行医学随访，对公安机关采取的防治措施应当予以配合。但实践中，犯罪嫌疑人一般不会主动告知被害人和公安机关自己系艾滋病病人或感染者，公安机关主要通过拘留入所体检才能发现犯罪嫌疑人系艾滋病病人或感染者。通过办案数据分析，拘留入所体检超过案发时间 24 小时的占比达 85.7%，这就势必会错失对被艾滋病病人或感染者性侵的被害人开展暴露后预防的 24 小时黄金时间。存在此问题的原因主要在于公安机关和卫生健康部门之间对案发后第一时间查明犯罪嫌疑人是否系艾滋病病人或感染者缺乏有效沟通核查机制，对性侵害被害人健康权、生命权保护存在安全漏洞。某县人民检察院随即向县公安局制发检察建议并抄送县卫生健康局，建议完善相关信息沟通核查机制，对性侵害案件犯罪嫌疑人应当第一时间开展艾滋病信息核查，对被害人开展艾滋病暴露后预防时间一般应当在案发后 24 小时之内。检察建议引起相关部门高度重视，县检察院会同县公安局、卫生健康局多次进行研究磋商，三部门联合制定《关于建立性侵害案件艾滋病信息核查制度的意见》，明确了对性侵害案件犯罪嫌疑人进行艾滋病信息核查的时间要求和方式、对被害人开展暴露后预防的用药时间，以及持续跟踪关爱保护未成年被害人等措施，切实预防艾滋病病毒通过性侵害等行为向被害人特别是未成年被害人传播。

【指导意义】

（一）对于性侵害未成年人犯罪案件，检察机关受邀介入侦查时应当同步开展未成年被害人保护救助工作。性侵害未成年人案件存在发现难、取证难、危害大的特点，检察机关在受邀介入侦查时，应当建议侦查机关围绕犯罪嫌疑人主观恶性、作案手段、被害人遭受侵害后身心状况等进行全面取证。同时，建议或协同公安机关第一时间核查犯罪嫌疑人是否系艾滋病病人或感染者。确定犯罪嫌疑人系艾滋病病人或感染者的，应当立即协同公安机关和卫生健康部门开展艾滋病暴露后预防，切实保护未成年被害人健康权益。检察机关应当发挥未成年人检察社会支持体系作用，从介入侦查阶段就及时启动心理干预、司法救助、家庭教育指导等保护救助措施，尽可能将犯罪的伤害降至最低。

（二）犯罪嫌疑人明知自己是艾滋病病人或感染者，奸淫幼女，造成艾滋病传播重大现实风险的，应当认定为奸淫幼女"情节恶劣"。行为人明知自己患有艾滋病或者感染艾滋病病毒，仍对幼女实施奸淫，放任艾滋病传播风险的发生，客观上极易造成被害人感染艾滋病的严重后果，主观上体现出行为人对幼女健康权、生命权的极度漠视，其社会危害程度与《中华人民共和国刑法》第二百三十六条第三款第二项至六项规定的情形具有相当性，应当依法认定为奸淫幼女"情节恶劣"，适用十年以上有期徒刑、无期徒刑或者死刑的刑罚。对成年人性侵害未成年人犯罪，应综合考虑案件性质、主观恶性、具体情节、社会危害等因素，从严适用认罪认罚从宽制度。对于犯罪性质和危害后果严重、犯罪手段残忍、社会影响恶劣的，可依法不予从宽。

（三）办理案件中发现未成年人保护工作机制存在漏洞的，应当着眼于最有利于未成年人原则和社会公共利益维护，推动相关领域制度机制完善。对于案件中暴露出的未成年人保护重大风险隐患，检察机关应当深入调查，针对性采取措施，促进相关制度和工作机制完善，促使职能部门更加积极有效依法履职尽责，推动形成损害修复与风险防控相结合，事前保护与事后救助相结合的未成年人综合保护模式。艾滋病暴露后预防有时间窗口，及时发现和确定性侵犯罪嫌疑人系艾滋病人或感染者是关键。办案机关同卫生健康部门之间建立顺畅有效的相关信息沟通核查机制是基础。检察机关针对这方面存在的机制漏洞，会同相关部门建章立制、完善制度措施，有利于最大化保护性侵害案件未成年被害人的生命健康权。

【相关规定】

《中华人民共和国刑法》（2020年修正）第二百三十六条

《中华人民共和国未成年人保护法》（2020年修订）第一百条

《艾滋病防治条例》（2019年修订）第三十一条

《最高人民法院、最高人民检察院、公安部、司法部关于依法惩治性侵害未成年人犯罪的意见》（2013年施行）第二十五条

《最高人民法院、最高人民检察院、公安部、国家安全部、司法部关于适用认罪认罚从宽制度的指导意见》（2019年施行）第五条

《人民检察院检察建议工作规定》（2019年施行）第十一条

办案检察院：四川省荣县人民检察院
承办检察官：卓俊涛　叶　飞
案例撰写人：卓俊涛

惩治组织未成年人进行违反治安管理活动犯罪综合司法保护案

（检例第 173 号）

【关键词】

组织未成年人进行违反治安管理活动罪　有偿陪侍　情节严重　督促监护令　社会治理

【要旨】

对组织未成年人在 KTV 等娱乐场所进行有偿陪侍的，检察机关应当以组织未成年人进行违反治安管理活动罪进行追诉，并可以从被组织人数、持续时间、组织手段、陪侍情节、危害后果等方面综合认定本罪的"情节严重"。检察机关应当针对案件背后的家庭监护缺失、监护不力问题开展督促监护工作，综合评估监护履责中存在的具体问题，制发个性化督促监护令，并跟踪落实。检察机关应当坚持未成年人保护治罪与治理并重，针对个案发生的原因开展诉源治理。

【基本案情】

原审被告人张某，女，1986 年 11 月出生，个体工商户。

自 2018 年开始，张某为获取非法利益，采用殴打、言语威胁等暴力手段，以及专人看管、"打欠条"经济控制、扣押身份证等限制人身自由的手段，控制 17 名未成年女性在其经营的 KTV 内提供有偿陪侍服务。张某要求未成年女性着装暴露,提供陪酒以及让客人搂抱等色情陪侍服务。17名未成年被害人因被组织有偿陪侍而沾染吸烟、酗酒、夜不归宿等不良习惯,其中吴某等因被组织有偿陪侍而辍学,杜某某等出现性格孤僻、自暴自弃等情形。

【检察机关履职过程】

刑事案件办理。2019年6月27日,山东省某市公安局接群众举报,依法查处张某经营的KTV,7月14日张某到公安机关投案。同年11月,某市人民检察院以组织未成年人进行违反治安管理活动罪对张某提起公诉。2020年4月,某市人民法院作出判决,认定张某具有自首情节,以组织未成年人进行违反治安管理活动罪判处张某有期徒刑二年,并处罚金十万元。一审宣判后,张某以量刑过重为由提出上诉,某市中级人民法院以"积极主动缴纳罚金"为由对其从轻处罚,改判张某有期徒刑一年六个月,并处罚金十万元。

同级检察机关认为二审判决对张某量刑畸轻,改判并减轻刑罚理由不当,确有错误,按照审判监督程序提请山东省人民检察院抗诉。2021年2月,山东省人民检察院依法向山东省高级人民法院提出抗诉,省高级人民法院依法开庭审理。原审被告人张某及其辩护人在再审庭审中提出本罪"情节严重"目前无明确规定,从有利于被告人角度出发,不应予以认定,且张某构成自首,原审判决量刑适当。省检察院派员出庭发表意见:一是侵害未成年人犯罪依法应予严惩,本案查实的未成年陪侍人员达17名,被侵害人数众多;二是张某自2018年开始组织未成年人进行有偿陪侍活动,持续时间较长;三是张某采用殴打、言语威胁、扣押身份证、强制"打欠条"等手段,对被害人进行人身和经济控制,要求陪侍人员穿着暴露,提供陪酒以及让客人搂抱、摸胸等色情陪侍服务,对被害人身心健康损害严重;四是17名被害人因被组织有偿陪侍,沾染吸烟、酗酒、夜不归宿等不良习惯,部分未成年人出现辍学、自暴自弃、心理障碍等情况，危害后果严重。综合上述情节，本案应认定为"情节严重"。此外，张某虽自动投案，但在投案后拒不承认其经营KTV的陪侍人员中有未成年人，在公安机关掌握其主要犯罪事实后才如实供述，依法不应认定为自首。2021年11月29日，山东省高级人民法院依法作出判决，采纳检察机关意见，改判张某有期徒刑五年，并处罚金三十万元。

制发督促监护令。检察机关办案中发现，17名未成年被害人均存在家庭监护缺失、监护不力等问题，影响未成年人健康成长，甚至导致未成年人遭受犯罪侵害。检察机关对涉案未成年人的生活环境、家庭教育、监护人监护履责状况等进行调查评估，针对不同的家庭问题，向未成年被害人的监护人分别制发个性化督促监护令：针对监护人长期疏于管教，被害人沾染不良习气及义务教育阶段辍学问题，督促监护人纠正未成年被害人无心向学、沉迷网络等不良习惯，帮助其返校入学；针对监护人教养方式不当，导致亲子关系紧张问题，督促监护人接受家庭教育指导，改变简单粗暴或溺爱的教养方式，提高亲子沟通能力；针对被害人自护意识、能力不足的问题，督促监护人认真学习青春期性教育知识，引导孩子加强自我防护等。检察机关还与公安机关、村委会协作联动，通过电话回访、实地走访等方式推动督促监护令落实。对落实不力的监护人，检察机关委托家庭教育指导师制定改进提升方案，并协调妇联、关工委安排村妇联主席、"五老"志愿者每周两次入户指导。通过上述措施，本案未成年被害人家庭监护中存在的问题得到明显改善。

制发检察建议。针对办案中发现的KTV等娱乐场所违规接纳未成年人问题，2020年9月，检察机关向负有监督管理职责的市文化和旅游局等行政职能部门制发检察建议，督促依法履职。收到检察建议后，相关行政职能部门组织开展了娱乐场所无证无照经营专项整治、校园周边文化环境治理等专项行动，重点对违规接纳未成年人、未悬挂未成年人禁入或者限入标志等违法经营行为进行查处，共检查各类经营场所80余家次，查处整改问题20余个，关停4家无证经营歌舞娱乐场所。针对多名被害人未完成义务教育的情形，2020年12月，检察机关向市教育和体育局制发检察建议，督促其履行职责，市教育和体育局组织全面排查工作，劝导78名未成年人返回课堂，完善了适龄入学儿童基础信息共享、入学情况全面核查、辍学劝返、教师家访全覆盖、初中毕业生去向考核等义务教育阶段"控辍保学"机制。针对本案17名被害人均来自农村，成长过程中法治教育和保护措施相对缺乏，检察机关延伸履职，主动向市委政法委专题报告，推动将未成年人保护纳入村域网格化管理体系。在市委政法委的统一领导下，检察机关依托村级活动站建立未成年人检察联系点，择优选聘915名儿童主任、村妇联主席协助检察机关开展法治宣传、社会调查、督促监护、强制报告、公益诉讼线索收集等工作，共同织密未成年人保护工作网络。

【指导意义】

（一）准确把握组织未成年人有偿陪侍行为的定罪处罚，从严惩处侵害未成年人犯罪。《刑法修正案（七）》增设组织未成年人进行违反治安管理活动罪，旨在加强未成年人保护，维护社会治安秩序。《娱乐场所管理条例》将以营利为目的的陪侍与卖淫嫖娼、赌博等行为并列，一并予以禁止，并规定了相应的处罚措施，明确了该行为具有妨害社会治安管理的行政违法性。处于人生成长阶段的未成年人被组织从事有偿陪侍服务，不仅败坏社会风气，危害社会治安秩序，更严重侵害未成年人的人格尊严和身心健康，构成组织未成年人进行违反治安管理活动罪。检察机关办理此类案件，可以围绕被组织人数众多，犯罪行为持续时间长，采用控制手段的强制程度，色情陪侍方式严重损害未成年人身心健康等情形，综合认定为"情节严重"。

（二）聚焦案件背后的问题，统筹使用督促监护令、检察建议等方式，以检察司法保护促进家庭、社会、政府等保护责任落实。在办理涉未成年人案件过程中，检察机关应当注重分析案件暴露出的家庭、社会等方面的问题，结合办案对未成年人的生活环境、家庭教育、监护人监护履责状况等进行调查评估，制定个性化督促监护方案，并跟踪落实，指导、帮助和监督监护人履行监护职责。检察机关应当依法能动履行法律监督职能，督促相关职能部门加强管理、落实责任。检察机关还可以加强与相关部门的协作联动，形成整体合力，积极促进区域未成年人保护制度完善和社会综合治理，更好保护未成年人合法权益和公共利益。

【相关规定】

《中华人民共和国刑法》（2020年修正）第二百六十二条之二

《中华人民共和国刑事诉讼法》（2018年修正）第二百五十四条

《中华人民共和国未成年人保护法》（2020年修订）第七条、第一百一十八条

《中华人民共和国家庭教育促进法》（2022年施行）第四十九条

《娱乐场所管理条例》（2020年修订）第三条、第十四条

办案检察院：山东省人民检察院
山东省潍坊市人民检察院
山东省高密市人民检察院
承办检察官：姜　欣　李　冰　邓　艳
案例撰写人：姜　欣　王　进

未成年人网络民事权益综合司法保护案

(检例第 174 号)

【关键词】

未成年人网络服务　支持起诉　行政公益诉讼　社会治理

【要旨】

未成年人未经父母或者其他监护人同意,因网络高额消费行为引发纠纷提起民事诉讼并向检察机关申请支持起诉的,检察机关应当坚持未成年人特殊、优先保护要求,对确有必要的,可以依法支持起诉。检察机关应当结合办案,综合运用社会治理检察建议、行政公益诉讼诉前检察建议等监督方式,督促、推动网络服务提供者、相关行政主管部门细化落实未成年人网络保护责任。

【基本案情】

原告程某甲,女,2005 年 9 月出生,在校学生。

法定代理人程某,男,系程某甲父亲。

法定代理人徐某,女,系程某甲母亲。

被告上海某网络科技有限公司(以下简称某公司)。

2020 年 7 月,程某甲在父母不知情的情况下,下载某公司开发运营的一款网络游戏社交应用软件(APP),并注册成为其用户,后又升级至可以进行高额消费的高级别用户。至 2021 年 2 月,程某甲在该 APP 上频繁购买虚拟币、打赏主播,累计消费人民币 21.7 万余元。程某甲的法定代理人程某、徐某，对程某甲登录该 APP 并进行高额消费的行为不予追认。

【检察机关履职过程】

支持起诉。2021 年 2 月，程某甲的父亲程某发现女儿的网络高额消费行为，与某公司多次协调未果后向多个相关部门求助，但问题未得到解决。程某通过电话向上海市人民检察院与共青团上海市委员会共建的"上海市未成年人权益保护监督平台"寻求帮助，该平台将线索移至公司注册地某区人民检察院。检察机关受理后，立即向程某了解详细情况。经调查核实，该 APP 虽然在用户协议中载明"不满 18 周岁不得自行注册登录"，但对用户身份审核不严，致程某甲注册为能够进行高额消费的用户。检察机关向程某甲及其法定代理人解释民法典、未成年人保护法和相关规定，建议程某甲及其法定代理人向人民法院提起民事诉讼。

2021 年 3 月，程某甲及其法定代理人向某区人民法院提起民事诉讼，要求确认程某甲与某公司的网络服务合同无效，某公司全额返还消费款。同时，程某甲及其法定代理人向检察机关申请支持起诉。检察机关审查认为：程某甲系限制民事行为能力人，未经监护人同意实施与其年龄、智力不相符合的高额网络消费行为，其法定代理人亦明确表示对该行为不予追认，程某甲实施的消费行为无效，程某甲及其法定代理人要求网络服务提供者返还钱款符合法律规定。本案系未成年人涉网络案件，相较于应对该类问题经验丰富的某公司，程某甲及其法定代理人在网络证据收集、网络专业知识等方面均处于弱势，其曾采取多种形式维权，但未取得实际效果，检察机关有必要通过支持起诉的方式，帮助程某甲依法维护权益。检察机关指导程某甲的法定代理人收集、梳理证据，固定程某甲在该 APP 上的聊天、充值记录，对注册登录过程、使用及消费情况进行公证。同年 5 月，某区人民法院开庭审理此案，检察机关派员出庭，并结合指导程某甲收集的证据发表支持起诉意见，某公司表示认可。检察机关积极配合人民法院开展诉讼调解工作，原、被告自愿达成调解协议并经法庭确认，某公司全额返还程某甲消费款项。同时，针对程某甲父母疏于对女儿心理状况关心，忽视对其网络行为监管等问题，检察机关要求程某甲父母切实履行监护责任，加强对程某甲关心关爱，引导和监督其安全、合理使用网络。

制发检察建议。在支持起诉过程中，检察机关通过大数据摸排、实地走访行政主管部门、法院发现，相关部门受理了大量与涉案APP有关的未成年人网络消费投诉和立案申请，本案具有一定普遍性。该APP兼具网络游戏和社交功能，属于网络服务新业态，作为该领域知名企业之一的某公司，没有完全落实未成年人保护相关法律、行政法规规定的法律责任。针对该APP用户超出本区管辖范围的情况，某区人民检察院及时报告，在上海市人民检察院指导下，于2021年5月向某公司制发检察建议，要求其全面落实未成年人网络保护主体责任，按照未成年人保护法有关要求优化产品功能、强化内容管理，完善未成年用户识别认证和保护措施。该公司成立专项整改小组，推出完善平台实名制认证规则、提高平台监管能力、增设未成年人申诉维权通道、升级风险防控措施、完善未成年人个人信息保护制度等六个方面的12项整改措施。

开展行政公益诉讼。结合本案及多起与该APP有关的涉未成年人网络服务案件，检察机关发现，相关行政主管部门对网络服务新业态的监管不到位，存在侵害不特定未成年网络消费者合法权益的隐患。2021年6月，某区人民检察院向区文化和旅游局执法大队制发行政公益诉讼诉前检察建议，要求对某公司的整改情况进行跟踪评估，并加强本区互联网企业监管，督促网络服务提供者严格落实未成年人网络保护法律规定和网络保护措施。执法大队完全采纳检察建议，对该公司进行约谈，并以新修订的未成年人保护法正式施行为契机，组织相关网络服务提供者开展网络"护苗行动"。

形成网络保护合力。检察机关立足法律监督职能，邀请市网络游戏行业协会、某区相关行政主管部门，对某公司落实检察建议内容、完善网络服务规则和设定相应技术标准、构建"网游＋社交"新业态未成年人保护标准等方面进行跟踪评估。为进一步净化未成年人网络环境，上海市人民检察院组织全市检察机关开展"未成年人网络保护"专项监督，主动会商市网络和信息管理办公室，联合市网络游戏行业协会及某公司等30余家知名网络游戏企业发起《上海市网络游戏行业未成年人保护倡议》，明确技术标准、增设智能筛查和人工审核措施，严格落实未成年人网络防沉迷、消费保护措施，强化未成年人网络游戏真实身份认证，促进建立政府监管、行业自治、企业自律、法律监督的未成年人网络保护"四责协同"机制。检察机关还联合相关部门举办"未成年人网络文明主题宣传""清朗e企来"等活动，通过座谈交流、在线直播、拍摄公益宣传片等方式，向全社会开展以案释法，促进提升未成年人网络保护意识。

【指导意义】

（一）依法能动履行支持起诉职能，保障未成年人民事权益。未成年人保护法明确规定，人民检察院可以通过督促、支持起诉的方式，维护未成年人合法权益。未成年人及其法定代理人因网络服务合同纠纷提出支持起诉申请的，检察机关应当坚持未成年人特殊、优先保护要求，对支持起诉必要性进行审查。对于网络服务提供者未落实未成年人网络保护责任，当事人申请符合法律规定，但存在诉讼能力较弱，采取其他方式不足以实现权利救济等情形的典型案件，检察机关可以依法支持起诉。检察机关可以通过法律释明引导、协助当事人收集证据，制发《支持起诉意见书》，还可以派员出席法庭，发表支持起诉意见，更有力维护未成年人合法权益。同时，检察机关可以结合案件办理开展以案释法宣传，为同类案件处理提供指引，提高当事人依法维权能力。

（二）以司法保护推动网络空间诉源治理，增强未成年人网络保护合力。检察机关针对行政机关履行未成年人网络保护监管职责不到位的情况，可以加强磋商联动，以行政公益诉讼促进未成年人网络保护行政监管落地落实。发现有的互联网平台存在未成年人权益保护措施缺失、违法犯罪隐患等问题的，要依法审慎选择履职方式，充分运用检察建议督促企业依法经营，主动落实未成年人网络保护主体责任。检察机关可以加强与相关行政主管部门、行业协会的联动，将个案办理与类案监督、社会治理相结合，推动未成年人网络保护多方协同、齐抓共管。

【相关规定】

《中华人民共和国民法典》（2021年施行）第一百四十五条、第一百五十七条

《中华人民共和国民事诉讼法》（2021年修正）第十五条

《中华人民共和国未成年人保护法》（2020年修订）第六十六条、第七十四条、第七十五条、第七十八条、第一百零六条

办案检察院：上海市松江区人民检察院

承办检察官：王红艳

案例撰写人：朱展麟　刘　宇